LES GRANDS ÉCRIVAINS FRANÇAIS

TURGOT

PAR

LÉON SAY

TURGOT

EN VENTE A LA MÊME LIBRAIRIE

Coulommiers. — Imp. PAUL BRODARD

TURGOT

TURGOT

PAR

LÉON SAY

DE L'ACADÉMIE FRANÇAISE

DEUXIÈME ÉDITION

PARIS

LIBRAIRIE HACHETTE ET Cie

79, BOULEVARD SAINT-GERMAIN, 79

1891

TURGOT

INTRODUCTION

On a beaucoup écrit sur Turgot; on a fait l'histoire de son enfance, de sa jeunesse, de son âge mûr;
on nous l'a montré se cachant tout enfant sous les
meubles pour se soustraire, par timidité, aux visites
que recevait sa mère, et on nous a raconté comment,
plus tard, dans sa jeunesse, il jouait au volant, en
soutane, avec la belle jeune fille qu'on appelait
Minette et qui devait bientôt se nommer Mme Helvetius. On a conservé les discours qu'il a prononcés
comme prieur de la maison de Sorbonne à l'ouverture et à la clôture des sorboniques de 1750. On
a su quelles raisons l'avaient déterminé à renoncer
à la prêtrise, et comment il a rempli des fonctions
dans la magistrature, d'abord à titre de conseiller
substitut du procureur général, ensuite de conseiller
au Parlement, puis de maître des requêtes. On nous
a fait assister à sa première brouille avec le Parlement, en 1754, le jour où il accepta de faire partie

d'une Chambre royale, chargée de juger au lieu et place du Parlement exilé.

On nous a cité les mots de ses amis, joyeux de sa nomination à l'intendance de Limoges en 1761, et on nous a rappelé l'espérance que cette nomination avait fait concevoir à Voltaire : « Un de nos confrères vient de m'écrire qu'un intendant n'est propre qu'à faire du mal; j'espère que vous prouverez qu'il peut faire beaucoup de bien. »

Il reste treize ans à Limoges, et pendant les vingt-cinq années qui se sont écoulées depuis son entrée à la Sorbonne jusqu'à son départ de Limoges, il ne cesse d'être l'idole des encyclopédistes et des économistes. Il a connu successivement Quesnay, Gournay, Dupont de Nemours, Voltaire, Hume, Adam Smith, Condorcet. Sa correspondance est très étendue. C'est un véritable chef d'école, et, quoique le duc de Choiseul ait dit, en parlant de lui en 1769, qu'il n'avait pas « une tête ministérielle », ses maîtres, ses amis, ses disciples, le considèrent déjà comme le seul ministre capable de rétablir l'ordre dans l'administration et dans les finances de la monarchie ébranlée.

On a recueilli les lettres, les plans, les mémoires, les avis, les arrêtés, les circulaires, les comptes rendus, tout ce qu'il a écrit pendant la première partie de sa vie. On peut le suivre, pour ainsi dire jour par jour, pendant tout le temps qu'il a rempli les diverses fonctions dont il a été revêtu de 1750 à 1774.

Il arrive enfin au ministère, à quarante-sept ans, préparé par toute une vie de réflexion, d'étude et de pratique administrative. Il est prêt à réaliser les réformes les plus larges et les plus fécondes.

Il rétablit la liberté du commerce des grains et soulève par cette mesure, pourtant si justifiée, les colères populaires. Il vient à bout — bien des gens s'en étonnent — de la guerre des farines, et couronne son œuvre par la proclamation de la liberté du travail. L'abolition des jurandes et des maîtrises a été le grand acte de sa vie et comme son testament économique.

On a conservé ses mémoires au roi, ses notes, les arrêts du Conseil qu'il a rédigés, les préambules qu'il a mis en tête de ses édits pendant son ministère. On connaît dans les moindres détails tout ce qu'il a pensé, écrit et fait pendant une administration de vingt mois, très courte, comme on le voit, mais la plus admirable et la plus remplie qu'on puisse imaginer. Il succombe, après avoir lutté vigoureusement, vaincu par la coalition des intérêts et des préjugés, ou, comme dit Voltaire, des financiers, des talons rouges et des bonnets carrés, et ceux qui ont parlé de lui discutent à perte de vue sur les causes de son insuccès.

On attribue sa chute à ce qu'il a trop entrepris à la fois, à ce que son caractère manquait de souplesse et à ce qu'il était animé par un esprit de secte. On recherche quelles sont les qualités de l'homme d'État qui lui ont manqué pour réussir.

Ses biographes le suivent dans sa retraite pour le mieux comprendre; ils le voient occupé d'expériences scientifiques, reprenant les travaux de prosodie qui l'ont intéressé dès sa première jeunesse.

Il meurt enfin, à cinquante-quatre ans, de la goutte qui n'avait cessé de le tourmenter depuis plus de vingt ans et qui lui faisait répondre à Malesherbes lui reprochant de trop se presser : « Que voulez-vous! les besoins du peuple sont immenses, et dans ma famille on meurt de la goutte à cinquante ans. »

Pour tous ceux qui nous ont raconté sa vie, qui ont réuni avec un soin pieux ses moindres paroles et les moindres écrits sortis de sa plume, Turgot est un grand esprit, un des plus grands esprits du XVIIIe siècle, le plus grand peut-être après Montesquieu; mais tous, ils le considèrent comme un réformateur malheureux qui est mort à la peine, sous les coups d'adversaires moins forts, il est vrai, mais sûrement plus avisés que lui, d'hommes peu soucieux, sans doute, de connaître et d'appliquer les grandes vérités de l'ordre économique, mais admirablement dressés à faire jouer à leur profit tous les ressorts de l'intrigue des cours.

Il y a, on ne peut se le dissimuler, un cri qui échappe à ceux-là même qui ont le plus constamment vécu auprès de lui, qui n'ont jamais cessé de l'aimer ni de l'admirer. Tous disent, répètent, écrivent : Turgot n'avait pas les qualités qui assurent la victoire.

Je voudrais tirer de sa vie et de son œuvre une

conclusion bien différente et, en parlant de lui, le traiter non en vaincu, mais en vainqueur.

C'est que, s'il a échoué au XVIIIe siècle, il a, en réalité, dominé le siècle suivant. Il a fondé l'économie politique du XIXe siècle, et par la liberté du travail qu'il lui a léguée, il lui a imprimé la marque qui le caractérise le mieux dans l'histoire.

Grâce à la liberté du travail, le XIXe siècle a été le siècle de la grande industrie, de l'application des grandes découvertes scientifiques, géographiques, économiques, au développement du travail et de la richesse. En faisant pénétrer profondément dans la conscience française et européenne les principes de la liberté du travail, Turgot a préparé la conquête de l'univers par la civilisation occidentale, et c'est le XIXe siècle qui a fait cette conquête.

Ce qui est un indice très remarquable de l'action personnelle de Turgot dans le mouvement qui s'est produit dans notre siècle, c'est que son souffle paraît encore aujourd'hui nécessaire pour maintenir en action les principes dont il a recommandé l'application. On est obligé, pour empêcher le siècle de dévier de la route que Turgot lui a tracée, de se rattacher plus fortement que jamais à sa personne, à sa vie, à ses actes et d'engager de nouveau, en s'appuyant sur lui, des luttes très analogues à celles qu'il a soutenues il y a bientôt cent vingt ans.

La liberté du travail, qui était pour lui le commencement et la fin de toutes les lois économiques, est aujourd'hui l'objet des attaques les plus vives.

Ce ne sont plus les privilégiés, les maîtres de la richesse, les parlementaires, les classes qu'on appelait autrefois dirigeantes, qui se coalisent, comme jadis, contre Turgot.

La réaction qui se révèle se produit parmi les ouvriers, chez les fils de ceux qui ont été comme enivrés de joie quand il a proclamé l'édit d'abolition des maîtrises et des jurandes. Les ouvriers cherchent à ressaisir, pour s'en charger de nouveau, leurs fers brisés, croyant trouver une protection dans ce qui a été autrefois — ils l'ont oublié — l'instrument de leur oppression.

Le XIXe siècle est le vrai siècle de Turgot, parce que c'est celui où ses idées ont été appliquées et où il a manifestement régné sur les esprits et sur les choses. Aura-t-il été le siècle unique pendant lequel les principes de Turgot auront reçu une aussi éclatante satisfaction? Le siècle prochain brûlera-t-il ce que nous avons adoré? Il ne manque pas de tristes prophètes pour nous en menacer. Ces prophètes de malheur seront démentis par l'événement. Turgot est entré dans sa gloire; il y est entré pour toujours, et l'économie politique française, dont il a été le vrai fondateur, ne se sent pas encore désarmée. Elle n'est pas près d'amener son pavillon.

CHAPITRE PREMIER

La famille de Turgot était une des plus anciennes de la Normandie, et Condorcet prétend que son nom signifie *Dieu Thor* dans la langue des conquérants du Nord.

Au seizième siècle elle s'était divisée en deux branches, celle des Turgot des Tourailles et celle des Turgot de Saint-Clair. Leur auteur commun, Louis Turgot, avait été maître des requêtes de François, duc d'Alençon, et conseiller au présidial de Caen. L'aîné de ses fils, Jean, a été le premier Turgot des Tourailles, et le second, Antoine, le premier Turgot de Saint-Clair.

Un Turgot des Tourailles eut maille à partir en 1621 avec un nommé Montchrétien, et cette rencontre, assez singulière, rapprocha pour la première fois le nom de Turgot de celui de la science qu'il a illustrée.

Montchrétien, fils d'un apothicaire de Falaise,

auteur tragique et soldat d'aventure, avait été chargé
par les chefs du parti protestant, lors du soulèvement
de la Rochelle, de rallier les protestants de la Normandie. Malherbe, dans une lettre à Pereisc, écrite
de Caen le 14 octobre 1621, raconte la fin de son
expédition.

« Ce qui a donné, dit-il, aux révoltés de Normandie échec et mat, a été la mort d'un nommé
Montchrétien, qui était le directeur de toute cette
affaire. Il vint, il y a huit jours, sur les 8 heures du
soir, accompagné de six autres gens de même qualité,
à une hôtellerie d'un lieu nommé les Tourailles, qui
est à 12 lieues d'ici. Aussitôt l'avis en fut donné au
seigneur du lieu auquel appartenait l'hôtellerie. Il
s'y en vint à l'instant avec quinze ou vingt mousquetaires. »

La bande fut détruite, et le seigneur des Tourailles
qui la dispersa et tua leur chef s'appelait Claude
Turgot.

Or ce Montchrétien tué par un Turgot avait, outre
ses tragédies, écrit un livre d'une sagacité remarquable sur l'industrie et le commerce, et ce livre
porte le titre absolument inconnu jusque-là de *Traité
d'économie politique*.

C'est la première fois qu'une semblable expression
est employée dans notre langue — c'était en 1615
— pour désigner la science économique, et celui qui
s'en est ainsi servi avant tout le monde a péri misé-
rablement de la main d'un homme qui portait justement le nom du précurseur de J.-B. Say en France

et d'Adam Smith en Angleterre, de l'homme enfin qui a jeté un éclat si vif et si durable sur l'Économie politique, dont il est un des fondateurs.

Le grand-père du ministre Turgot descendait d'Antoine Turgot de Saint-Clair, mais appartenait à une branche cadette. Il avait été intendant dans la généralité de Metz et dans celle de Tours. Son père, Michel-Etienne, fut successivement maître des requêtes, prévôt des marchands de Paris, membre de l'Académie des inscriptions et belles-lettres, conseiller d'État et président du grand conseil. Il comptait dans son ascendance maternelle le célèbre jurisconsulte Pierre Pithou, et c'était de tous ses ancêtres celui dont il était le plus fier. Comme prévôt des marchands il acquit une juste célébrité. Il entreprit d'assainir les quartiers marécageux de Paris qui s'étendaient entre les boulevards et Montmartre et fit construire un vaste égout auquel on a donné son nom. Cet égout subsiste encore, en partie, sous la rue Saint-Lazare. On doit à Michel-Etienne Turgot un des plus beaux plans cavaliers qu'on ait faits de Paris, et il porte son nom; la fontaine de la rue de Grenelle a été élevée sur son initiative par Bouchardon, auquel il en avait confié l'exécution.

Après être sorti de charge, le prévôt des marchands put consacrer à l'administration de ses biens une partie des loisirs que lui laissaient ses fonctions de conseiller d'État. Les propriétés qu'il tenait de sa famille étaient situées entre Caen, Falaise, Bayeux et la mer, dans cette partie de la Normandie qui forme aujourd'hui le département du Calvados.

Elles furent érigées en marquisat en son honneur sous le titre de marquisat de Soumont. Après la mort du grand ministre et pour honorer davantage sa mémoire, les Turgot marquis de Soumont furent autorisés à se faire appeler marquis Turgot.

Le prévôt des marchands n'avait pas sa résidence à Soumont, mais aux Bons, les Bons-Turgot, comme disait Dupont de Nemours, petite commune peu éloignée de Soumont. Parmi les autres terres, fermes ou herbages qu'il possédait, il y avait celles de Laulne et de Brucourt, dont notre Turgot a porté le nom. A la Sorbonne on l'appelait l'abbé de Laulne; quand il en est sorti, il a pris le nom de Turgot de Brucourt.

Le château de Lantheuil, qui est situé non loin des Bons, et qui est le berceau de la famille, était alors entre les mains de la branche aînée, celle des Turgot de Saint-Clair. Il n'est revenu que plus tard aux marquis Turgot. Le marquis Turgot d'aujourd'hui a réuni au château de Lantheuil les archives de sa famille. Il a bien voulu me les montrer et me permettre de les feuilleter. J'ai tenu dans mes mains la minute écrite au courant de la plume, avec quelques ratures, par le grand Turgot, de la lettre qu'il adressa au roi le 24 août 1774 pour lui remettre sous les yeux, comme il le dit, l'engagement qu'il avait pris avec lui-même de le soutenir dans l'exécution de ses plans d'économie. Je croyais entendre la voix ferme mais émue du grand homme, cette voix si douce aux amis, si dure aux adversaires. J'ai rencontré dans ces mêmes archives les nombreuses traces de l'examen que Malesherbes a fait des papiers de Turgot après sa mort, afin d'en tirer les notes, les pièces, les manuscrits qu'on allait livrer à Dupont de Nemours pour être publiés par ses soins et former la première édition des œuvres de Turgot.

Le prévôt des marchands mourut le 1er février 1751, laissant trois fils et une fille. L'aîné de ses fils fut magistrat et mourut président à mortier du parlement de Paris; le second, connu sous le nom de chevalier Turgot, fut un savant, un administrateur, un soldat; il gouverna pendant un temps la Guyane; le troisième enfin est le ministre. La fille du prévôt des marchands avait épousé le duc de Saint-Aignan.

Le troisième fils, le ministre réformateur, est né à Paris le 10 mai 1727; il était studieux, timide et gauche. Sa timidité de jeunesse ne l'abandonna d'ailleurs jamais complètement. « Mes paroles sont un peu confuses, dit-il un jour à Louis XVI, c'est que je me sens troublé. — Je sais que vous êtes timide », lui répondit le roi.

Il fut élevé au collège Louis-le-Grand, puis au séminaire de Saint-Sulpice. Dès 1743, à seize ans, il suivait les cours de la Faculté de théologie. En 1746 il lui avait fallu une dispense d'âge pour être admis aux examens.

La Faculté de théologie la lui avait accordée « en ayant égard, avait-elle dit, à la très puissante recommandation du Roi, mais aussi en souvenir des services que, pendant son administration, le très illustre père de M. Turgot avait rendus à la Ville de Paris et aux divers ordres de la Faculté elle-même ».

Cette dispense porte la date du 1ᵉʳ octobre 1746. Six mois plus tard, le 11 mars 1747, le prévôt des marchands écrivait à son second fils, le chevalier, alors à Malte, que son frère l'abbé avait soutenu sa thèse de bachelier avec un succès éclatant :

« Votre frère l'abbé, disait-il, a soutenu sa thèse avec toute la distinction possible : il a surpassé infiniment ce que j'en attendais, car il n'a pas eu la moindre timidité et a eu l'approbation généralement de tout le monde. Il a soutenu dans les écoles extérieures de Sorbonne dont la salle est immense ; elle était parfaitement bien meublée et éclairée, et, quelque étendue qu'elle soit, elle n'a pas cessé d'être pleine de monde pendant cinq heures qu'a duré la thèse.

« C'était M. l'archevêque de Tours qui y présidait. L'assemblée du clergé, qui se tient actuellement à Paris et dont il est aussi président, vint aussi en corps à cette thèse. M. l'archevêque de Paris y vint de son côté *in fiocchi*. Son porte-croix en surplis portait la croix, assis dans la portière de son carrosse, le précédait en entrant dans la salle et s'assit vis-à-vis de lui sur un tabouret, portant cette grande et belle croix archiépiscopale qui est de vermeil doré. Lorsque l'archevêque fut sorti, le nonce du pape arriva et y resta plus d'une heure et demie ; il dit en sortant à l'abbé et aux docteurs de Sorbonne qui l'accompagnèrent, et à votre frère et à M. de Creil, qu'il avait assisté à bien des thèses, mais qu'il n'en avait point encore vu de soutenue comme celle-là.

« L'archevêque de Tours, en descendant de sa chaire, embrassa l'abbé et lui dit que cela s'appelait soutenir éminemment; il fut le lendemain à Versailles et, le roy lui ayant demandé s'il était la veille à l'assemblée du clergé, il répondit que non. Le roy lui demanda pourquoi, il répondit qu'il présidait à une thèse. Le roy s'informa qui la soutenait, il répondit que c'était l'abbé Turgot; et, le roy lui ayant demandé s'il avait bien fait, il eut la bonté de répondre à Sa Majesté qu'il n'avait jamais vu soutenir une thèse avec autant de distinction, et ajouta qu'il n'y avait pas un plus grand ni un meilleur sujet que l'abbé. Tout cela est fort flatteur pour nous et doit vous faire aussi grand plaisir. »

Deux ans après, le 7 avril 1749, il composait le premier écrit économique que nous ayons de lui. C'est une lettre adressée du séminaire à son condisciple l'abbé de Cicé. Elle a pour objet de réfuter la défense du système de Law, publiée vingt ans auparavant par l'abbé Terrasson.

Pour Turgot la monnaie métallique n'était pas un signe. « C'est comme marchandise, dit-il, que l'argent est, non pas le signe, mais la commune mesure des autres marchandises. »

En combattant l'idée, si répandue, que la monnaie métallique n'est qu'un signe fondé sur la marque du Prince, Turgot faisait justice des utopistes qui croyaient alors, comme ils l'ont cru pendant la Révo-

lution et comme beaucoup le croient encore aujour-
d'hui, que l'État peut faire face aux dépenses publiques en émettant des billets non remboursables,
transformés par la loi en monnaie obligatoire.

« Le roi, dit-il, n'aura qu'un avantage passager
dans la création des billets, ou plutôt dans leur mul-
tiplication, mais qui s'évanouira bien vite puisque
les denrées augmenteront de prix à proportion du
nombre des billets. »

« Si, quarante ans après, dit Dupont de Nemours
en publiant cette lettre, la majorité des citoyens
qui composèrent l'Assemblée constituante avait eu
autant de lumières qu'il en montrait déjà dans une
si grande jeunesse, la France aurait pu être pré-
servée des assignats. »

Au commencement de juin 1749, le jeune abbé de
Laulne fut admis dans la maison de Sorbonne pour
courir sa licence, comme on disait alors, c'est-à-dire
pour prendre ses derniers grades.

La maison de Sorbonne était une réunion dans
laquelle on suivait les études et les exercices de la
Faculté de théologie. Les membres de la réunion
formaient entre eux une société qui se composait
d'environ cent ecclésiastiques, la plupart évêques,
vicaires généraux, chanoines, curés de Paris et des
principales villes du royaume. Leur maison était
grande; elle existe encore, c'est la Sorbonne; elle
contenait 36 appartements, avec une église, une
riche bibliothèque, un jardin, des domestiques com-
muns on y dînait ensemble. Comme beaucoup d'ec-

clésiastiques habitaient au dehors ou en province, on avait disposé un certain nombre d'appartements pour y loger dix ou douze étudiants. C'est une de ces dix ou douze places qui avait été donnée au fils du prévôt des marchands.

La licence, à laquelle il se préparait, se composait d'un certain nombre de thèses : la *tentative* d'abord pour devenir bachelier : Turgot l'avait déjà soutenue ; et ensuite la *mineure*, la *sorbonique* et la *majeure*.

Six mois après son admission à la Sorbonne, c'est-à-dire le 31 décembre 1749, il avait été élu prieur.

Le prieurat était un hommage qu'on rendait aux jeunes gens distingués et aux fils de parents illustres. On leur donnait avec le titre de prieur la présidence des assemblées, et dans ces assemblées l'obligation et l'honneur de prononcer des discours en latin, sur des sujets se rapportant le plus souvent à la religion.

Turgot présida comme prieur d'abord l'assemblée du 16 mai 1750 où l'abbé Morellet, qui devait devenir son ami et qui est resté toute sa vie son admirateur passionné, fut admis à faire ses preuves ; et ensuite celle du 13 août de la même année, où le même Morellet fut agrégé définitivement à la société.

Depuis 1743 jusqu'en 1750, Turgot n'avait donc jamais cessé de poursuivre les études théologiques, et ces études, avec les exercices qui en étaient le complément obligé, avaient donné à son esprit une maturité tout à fait remarquable.

« Pour soutenir avec distinction les exercices théologiques, il fallait, dit Morellet, quelque talent, quelque adresse à démêler l'objection et à y répondre ; Turgot me disait souvent en riant : « Mon cher « abbé, il n'y a que nous, qui avons fait notre licence, « qui sachions raisonner exactement ».

On a conservé les deux discours que Turgot a prononcés à l'ouverture et à la clôture des *sorboniques* de l'année 1750. Le premier de ces discours a pour sujet les avantages que l'établissement du christianisme a procurés au genre humain. C'est un morceau remarquable, mais il ressemble encore à un devoir de rhétorique, à quelqu'un de ces excellents discours latins que l'on couronnait, il y a encore peu d'années, dans cette même Sorbonne, à la distribution des prix du Concours général entre les lycées de Paris. Écrivant à son frère le chevalier le 30 juillet 1750, il lui disait : « J'ai eu à faire un discours latin que j'ai prononcé le 3 juillet et dont le succès a été tout au plus flatteur pour moi (c'est-à-dire le plus flatteur) ; j'en ai actuellement quatre petits environ par semaine avec douze arguments, en attendant que j'en prononce un second le 27 novembre ; il m'occupe dès à présent. » Et son père, écrivant au même chevalier le 23 octobre 1750, lui disait : « Je vous ai mandé dans le temps le succès prodigieux de la harangue que l'abbé fit au mois de juillet dernier ; il doit encore en faire une le 27 du mois prochain ». Le succès de l'abbé fut encore plus éclatant le 27 novembre que le 3 juillet précédent.

Ce second discours est d'ailleurs beaucoup plus important que le premier ; il traite des progrès successifs de l'esprit humain. C'est un tableau de l'histoire universelle, écrit avec un grand talent, plein de réflexions étonnamment mûries pour un homme de son âge, empreint d'idées très libérales d'où ressort à chaque ligne un sentiment extrêmement vif de la perfectibilité humaine. On y lit, à propos des colonies antiques, cette phrase souvent citée qui est antérieure d'un quart de siècle à la déclaration d'indépendance des États-Unis :

« Les colonies sont comme des fruits qui ne tiennent à l'arbre que jusqu'à leur maturité. Devenues suffisantes à elles-mêmes, elles firent ce que fit, depuis, Carthage, ce que fera un jour l'Amérique. »

Il s'occupait beaucoup, à cette époque, de traductions latines et pensait qu'on pourrait, avec avantage, pour mieux imiter les anciens, employer dans notre langue quelques-unes des règles de la versification grecque ou latine. Il aurait voulu que dans la poésie française on se servît alternativement de syllabes longues et brèves, afin de produire sur les oreilles délicates et exercées un effet analogue à celui de la mélodie antique. La recherche de cette nouvelle prosodie fut une des distractions les plus constantes de Turgot. Il y est revenu toutes les fois que ses occupations lui en ont laissé le temps, et il a traduit en vers métriques hexamètres français non rimés le quatrième livre tout entier de l'*Énéide*.

Il prenait, pour écrire ses vers, le nom supposé d'abbé de Laage, et c'est sous ce pseudonyme qu'il les envoyait à Voltaire en lui demandant son avis.

On peut croire que Voltaire ne se hâta pas de lire l'essai d'un abbé inconnu. Cependant, pressé par de nouvelles lettres, il finit par faire cette réponse : « Un vieillard accablé de maladies, devenu presque entièrement aveugle, a reçu la lettre du 28 avril, datée de Paris, et n'a point reçu celle de Gênes ; il est pénétré d'estime pour M. l'abbé de Laage ; il le remercie de son souvenir, mais le triste état où il est, ne lui permet guères d'entrer dans des discussions littéraires. Tout ce qu'il peut dire, c'est qu'il a été infiniment content de ce qu'il a lu, et que c'est la seule traduction en prose, dans laquelle il ait trouvé de l'enthousiasme. » Le faux abbé de Laage fut extrêmement humilié que le grand poète eût pris ses vers pour de la prose et il écrivit, avec une amertume qu'il ne cherche point à dissimuler, à son ami Caillard, son confident, que « l'homme, ou a dédaigné de deviner, ou ne se soucie pas de s'expliquer », et, passant à un sujet d'économie politique, il ajoute : « Je ne suis pas plus surpris de voir déraisonner ce grand poète en économie politique qu'en physique et en histoire naturelle ; le raisonnement n'a jamais été son fort ».

Et pourtant Voltaire n'avait pas tort. Qui pourrait scander les vers qui suivent et retrouver dans l'arrangement de syllabes prétendues longues et brèves la mélodie que Turgot croyait y avoir mise :

Enfin lorsque l'Aurore a de ses feux blanchi l'horizon,
Lorsque du jour naissant les clartés ont chassé les ombres,
Triste, abattue, elle accourt à sa sœur, la réveille et déposant
Dans son sein la douleur qui l'accable, en adoucit l'amertume.

Si Turgot n'a pas eu de succès en vers français, il a eu du moins la fortune de composer un vers latin qui est dans toutes les mémoires; c'est le vers célèbre qu'il écrivit au-dessous du portrait de Franklin :

Eripuit cœlo fulmen, sceptrumque tyrannis.

Cependant le jeune abbé de Laulne ne devait pas rester longtemps à la Sorbonne ; la vocation lui manquait pour être prêtre. Ses amis avaient voulu le retenir, et lui disaient que le nom qu'il portait, et ses connaissances, lui feraient faire un chemin rapide dans l'Église. On l'assurait qu'il deviendrait très vite évêque et qu'il pourrait réaliser dans la direction d'un diocèse quelques-uns des beaux rêves d'administration qui remplissaient déjà son esprit.

« Mes chers amis, leur répondit-il, prenez pour vous le conseil que vous me donnez, puisque vous pouvez le suivre. Quant à moi, il m'est impossible de me dévouer à porter toute ma vie un masque sur mon visage. »

Son père, qui d'ailleurs était fort malade et devait mourir trois mois plus tard, le laissa libre d'agir à sa guise.

Il abandonna donc l'Église pour toujours et quitta la Sorbonne au mois de décembre 1750.

CHAPITRE II

Quand il a quitté la Sorbonne, Turgot avait vingt-
trois ans. Son jugement était formé et sa méthode
arrêtée. Il cherchait les lois naturelles, et, pour y
arriver, il s'attachait à distinguer dans les phénomènes de tous ordres les causes des effets, persuadé
que toutes les erreurs humaines proviennent de la
confusion qu'on ne cesse de faire entre les causes et
les effets. Aussi était-il arrivé à démêler, tout jeune
encore, avec une sûreté tout à fait merveilleuse et
une rapidité véritablement incroyable, les raisons
générales de tous les faits particuliers qu'il avait à
apprécier. On eût dit qu'il avait déjà dans l'esprit,
quand il était encore à la Sorbonne, tout ce qui en
est sorti plus tard; de sorte que le seul travail des
trente dernières années de sa vie aurait été simplement de produire au grand jour ce qu'il avait acquis
pendant les dix-huit mois qu'il avait passés dans
cette maison célèbre.

Philosophe consommé, envisageant la nature et l'homme aux points de vue les plus élevés, il s'était promis à lui-même, quand il avait à peine vingt ans, d'écrire l'histoire de l'esprit humain et de ses progrès. Il avait même fait de cette histoire, afin de la développer un jour dans un livre, un plan que nous possédons encore et dont quelques-unes de ses productions ultérieures ne sont que des développements partiels. Il était donc déjà, malgré sa grande jeunesse, admirablement armé pour la vie et pour la lutte, et ses années d'apprentissage en avaient fait un des hommes les plus capables de produire utilement au jour des vérités nouvelles, dans un temps où les préjugés semblaient cependant avoir une force irrésistible.

Quand on étudie Turgot au seuil de sa vie active, et qu'on songe à l'influence qu'il a exercée plus tard sur les destinées économiques de son pays, on se demande tout d'abord quelle est sa ressemblance, dans quel moule il a été coulé, à quelle famille d'esprit il appartient, et, contre l'ordinaire, on ne trouve rien à se répondre, par la raison toute simple qu'il ne procède pour ainsi dire de personne. On voit très bien qu'il est de son siècle, mais il a su en sortir comme pour pénétrer dans le nôtre, par une énergie propre et sans avoir eu d'autre guide que sa raison. Ce n'est pas l'action de ceux qui ont dirigé ses études, c'est l'interrogatoire consciencieux et philosophique de ses facultés par lui-même, qui a développé la force de son génie. Il est fils de ses méditations. Il est né comme un maître, et ce qui le prouve, c'est que ceux dont il a passé pour être le disciple, n'ont survécu que par lui, et ne trouvent aujourd'hui d'accès auprès de nous que parce qu'il nous les impose, en quelque sorte, comme étant de sa compagnie.

Il a pourtant avec Adam Smith une ressemblance qui s'affirme de très bonne heure. Ils étaient à peu près du même âge — Adam Smith était né en 1723. Ils étudiaient, l'un à Paris, l'autre à Édimbourg, et approfondissaient leurs pensées séparément, car ils ne se connaissaient pas, formant leurs doctrines par la réflexion, chacun de son côté. Ils s'apprêtaient tous les deux à jouer le grand rôle qui a illustré leurs noms; et ils le faisaient par la même méthode, marchant d'un pas égal dans la route sur laquelle ils devaient se rencontrer un jour.

L'un et l'autre, après avoir achevé leurs études, ont abandonné pour la philosophie l'Église à laquelle on les avait destinés; l'un et l'autre ont eu les mêmes vues sur le progrès de l'esprit humain; ils en ont cherché la loi, en même temps et par la même méthode, dans la métaphysique, dans la philosophie morale et dans l'économie politique. Aussi n'est-il pas étonnant qu'ils aient été, tour à tour, les inspirateurs et les précurseurs l'un de l'autre.

Adam Smith avait pensé, comme Turgot, à écrire l'histoire de la civilisation et du progrès; et pour accomplir cette tâche, il n'avait jamais cessé d'étudier l'homme, comme le faisait Turgot lui-même,

dans sa conscience, dans son langage et dans sa vie
morale, sociale, économique. Ils se sont aussi rencontrés plus tard sur le terrain philosophique et
métaphysique, mais, ce qui n'était pas le cas pour
leurs premières méditations, ils s'y sont rencontrés
sciemment. Ils avaient appris leur mutuelle existence, ils se connaissaient, et l'on peut dire sans
crainte de se tromper que, depuis le jour où ils se
sont connus, ils se sont aidés réciproquement et ont
profité l'un et l'autre de leurs travaux et de ceux de
leurs maîtres. La philosophie de Turgot doit beaucoup à l'école écossaise, à Hutcheson, le maître
d'Adam Smith, et à Adam Smith lui-même. Mais
l'économie politique d'Adam Smith ne doit pas
moins à la France, aux économistes physiocrates
et à Turgot.

Quesnay, Gournay et surtout Turgot ont exercé
une influence manifeste et heureuse sur l'auteur de
la *Richesse des nations*. L'opuscule de Turgot *Sur la
formation et la distribution des richesses* a précédé
de dix ans la publication du grand ouvrage économique d'Adam Smith, et ces dix années sont justement celles pendant lesquelles Turgot et Adam
Smith se sont vus, se sont connus et ont peut-être
correspondu l'un avec l'autre sur les sujets économiques. « Il entretenait une correspondance active
avec Adam Smith », dit Condorcet en parlant de
Turgot.

Enfin on peut dire de l'un et de l'autre qu'ils ont
été plus maîtres du xix\ :sup:`e` siècle, qui a suivi leur mort,

que du xviiie, pendant lequel ils ont vécu. Pulteney, dans un discours prononcé sur la banque d'Angleterre à la Chambre des communes le 30 mai 1797, avait pu dire d'Adam Smith qu'il persuaderait la génération présente et gouvernerait la prochaine. On aurait pu porter le même jugement sur Turgot, car il a persuadé les esprits éclairés de son temps, sans réussir toutefois à dominer son siècle, tandis que par ses idées, après sa mort, il a gouverné et gouverne encore la société française.

Le 5 janvier 1752, Turgot était appelé aux fonctions de substitut du procureur général; le 30 décembre de la même année il entrait au Parlement, comme conseiller; mais il ne faisait qu'y passer, ou plutôt il n'y était plus bientôt attaché que par les liens plus lâches qui unissaient encore les maîtres des requêtes au Parlement.

Nommé maître des requêtes le 28 mars 1753, il en exerça exclusivement les fonctions jusqu'en 1761, époque à laquelle il fut envoyé à Limoges comme intendant; mais, pendant tout le temps de son intendance, de 1761 à 1774, il conserva néanmoins le titre et les prérogatives des autres maîtres des requêtes, prenant part à leurs travaux s'il le jugeait convenable, et siégeant avec eux quand il se trouvait à Paris.

Les maîtres des requêtes avaient des fonctions administratives et judiciaires. Ils faisaient des rapports au Conseil en présence des conseillers d'État et quelquefois même du roi. Ils étaient membres du

Parlement et pouvaient y siéger à la condition de
n'être pas plus de quatre. Les quatre premiers arrivés prenaient les places réservées à leur corps. Ils
participaient à la juridiction du conseil du roi pour
les affaires qui y étaient évoquées, et constituaient,
en outre, une sorte de juridiction spéciale, celle des
requêtes de l'hôtel.

C'est le Conseil qui instruisit la revision du procès
de Calas, mais c'est la Chambre des requêtes de
l'hôtel, c'est-à-dire l'assemblée des seuls maîtres des
requêtes, qui prononça l'arrêt. Turgot siégea dans
l'affaire. « Il fut un des juges, dit Dupont de Nemours,
il parla dans cette occasion avec une véhémence qui
ne lui était pas ordinaire. » Son discours n'a malheureusement pas été conservé; il n'existe pas de
procès-verbal de la délibération.

Turgot avait été accueilli à bras ouverts par la
société des philosophes, des gens de lettres et des
économistes. Ses fonctions lui laissaient beaucoup
de liberté et il employait le temps dont il pouvait
disposer, à cultiver son esprit et à s'entretenir avec
ses amis. C'est chez Mme Geoffrin qu'il a fait la connaissance de D'Alembert, de Mlle de Lespinasse, de
Condorcet, d'Helvetius et de tant d'autres. Mme Helvetius était pour lui une connaissance plus ancienne.
Elle était nièce de Mme de Graffigny et il l'avait
souvent vue chez sa tante, avant qu'elle ne fût mariée,
quand il était encore à la Sorbonne. Mme de Graffigny, qui donnait des surnoms à tout le monde —
on se rappelle Panpan, c'était son ami Devaux;

Maroquin, c'était son autre ami Desmarets ; le Petit Saint, c'était Saint-Lambert, — ne s'adressait jamais à sa nièce Mlle de Ligneville qu'en la nommant Minette. Elle aimait Minette ; elle aimait le jeune abbé de Laulne, comme on appelait alors Turgot, et les deux jeunes gens avaient l'un pour l'autre une tendre amitié. Le bon Morellet s'afflige en pensant que cette intimité n'a pas fini par un mariage. Ce mariage, qu'il a rêvé, aurait fait, d'abord, le bonheur des jeunes gens, il en était convaincu, et ensuite le sien propre. Entre les deux êtres qu'il a le plus aimés, et qui d'ailleurs le lui rendaient bien, il aurait vécu sans être obligé d'aller de l'un chez l'autre, le plus agréablement du monde. « Je me suis souvent étonné, dit-il, que de cette familiarité ne soit pas née une véritable passion ; mais, quelles que fussent les causes d'une si grande réserve, il était resté de cette liaison une amitié tendre entre l'un et l'autre. »

On a voulu transformer les regrets de Morellet, sur ce mariage manqué, en une sorte de problème historique, et l'on a dépensé, pour essayer de le résoudre, des trésors d'érudition. Beaucoup d'écrivains s'en sont occupés. Si Turgot a gardé la réserve que Morellet semble lui reprocher et s'il a laissé passer l'occasion d'un mariage si bien assorti, c'est, disent les uns, qu'il était déjà dans les ordres. Telle est du moins l'opinion de Delort, auteur de l'*Histoire de la détention des philosophes et des gens de lettres à la Bastille.* Mais c'est une opinion fondée sur un premier texte fort contesté, et sur beaucoup d'autres, très contradictoires. Il est certain que Turgot est désigné, dans quelques actes de la maison de Sorbonne, comme diacre parisien ; mais, ce qui est non moins certain, c'est que, dans d'autres actes tout aussi authentiques, on se contente de le classer parmi les simples acolytes. Dans le premier cas, il aurait reçu les ordres ; dans l'autre cas, il serait resté libre. D'autres écrivains n'y mettent pas tant de recherche ; ils le trouvent trop occupé et imaginent difficilement qu'il eût pu partager son temps entre les occupations graves qui remplissaient déjà sa vie, et les mille soins du ménage et des enfants. Enfin, se croyant menacé par une goutte héréditaire, et persuadé que dans sa famille on mourait à cinquante ans, Turgot aurait craint peut-être — c'est une troisième version — d'associer une femme et des enfants à une existence aussi précaire que la sienne. Quoi qu'il en soit, Turgot ne se maria pas ; il laissa à la belle Minette la liberté d'épouser Helvetius, et resta jusqu'à sa mort son ami le plus dévoué.

Chez Quesnay, il a vu Mirabeau l'ami des hommes, Dupont de Nemours, Baudeau et les Économistes. C'est également chez le maître des Économistes qu'il a rencontré Adam Smith, vers 1762, quand le célèbre écrivain, qui n'était pas encore connu pour ses travaux économiques, vint pour la première fois en France avec le jeune duc de Buccleugh. Morellet dit dans ses Mémoires : « M. Turgot, qui aimait la métaphysique, estimait beaucoup le talent d'Adam

Smith; nous le vîmes plusieurs fois. » Dupont de Nemours rapporte aussi cette rencontre et parle d'Adam Smith, de Turgot et de lui-même comme ayant été « condisciples chez Quesnay ».

Avec Gournay, enfin, Turgot a connu les deux Trudaine, Albert qui fut depuis intendant du commerce et lieutenant général de police à Paris, et tous ces hommes de talent, administrateurs courageux qui défendaient les doctrines libérales auprès des conseillers d'État et des ministres du jour, presque tous de l'école de Colbert.

Il a été reçu chez la marquise du Deffant, mais il n'eut jamais d'intimité avec elle. Il l'abandonna très vite, pour suivre Mlle de Lespinasse lorsque, se retirant de chez sa protectrice, elle fonda, à son tour, une société et un salon. Il avait d'ailleurs peu de goût pour l'ami de la marquise, le duc de Choiseul, qui devait devenir plus tard son plus redoutable adversaire. Il passait déjà, et non sans raison, comme hostile aux parlements, quoiqu'il y eût des parents et des amis personnels, auxquels il resta toujours fidèle. Il accepta, en 1754, de faire partie d'une Chambre royale, c'est-à-dire d'une sorte de commission instituée après l'exil des membres d'une des cours du Parlement, pour juger à sa place les affaires de son ressort; ce qui le brouilla définitivement avec les parlementaires et avec le parti Choiseul.

Il était d'ailleurs, par principe, comme nous l'avons fait remarquer plus haut, un homme de gouvernement, et son respect pour l'autorité du roi le tenait à l'écart de toutes les oppositions.

Mme du Hausset raconte dans ses Mémoires que, dînant un jour chez Quesnay à Paris, elle y trouva « un jeune maître des requêtes d'une belle figure qui portait un nom de terre que je ne me rappelle pas (celui de Brucourt), mais qui était fils du prévôt des marchands Turgot. On parla beaucoup d'administration, ce qui d'abord ne m'amusa pas; ensuite il fut question de l'amour des Français pour leur roi; M. Turgot prit la parole et dit : « Cet « amour n'est point aveugle, c'est un sentiment pro- « fond et un souvenir confus de grands bienfaits. « La nation et, je dirai plus, l'Europe et l'humanité « doivent à un roi de France (j'ai oublié le nom) la « liberté; il a établi les communes et donné à une mul- « titude immense d'hommes une existence civile.... » Je priai M. Quesnay d'écrire ce qu'avait dit le jeune Turgot, et je le montrai à Madame (de Pompadour). Elle fit à ce sujet l'éloge de ce maître des requêtes et, en ayant parlé au roi, il dit : « C'est une bonne race. »

Les économistes avaient, il faut bien le reconnaître, une tendance souvent excessive à s'appuyer sur l'autorité. Pour réaliser leurs idées, quelques-uns d'entre eux auraient préféré un despote honnête homme, près duquel ils auraient pu faire prévaloir leur système, à un gouvernement plus libre, soumis à des influences sur lesquelles il aurait fallu agir séparément. Turgot n'allait pas si loin, mais il n'était pas partisan de ce qu'on appelait déjà « la balance

des pouvoirs » ou « l'équilibre des forces » et autres
combinaisons imaginées en vue de tempérer le pouvoir du chef de l'État. Il craignait que les obstacles
qu'on voulait opposer au mal ne devinssent des
entraves au bien. Il voulait que le Prince pût exercer,
pour protéger la liberté des individus, ce qu'on a
appelé de nos jours, en abusant souvent du nom et
de la chose, les droits de l'État. Il ne confondait pas
cependant les droits de l'État ou du Prince avec ceux
que certains philosophes prétendaient appartenir à
la société. « On s'est beaucoup trop accoutumé dans
les gouvernements, disait-il, à immoler toujours le
bonheur des particuliers à des prétendus droits de
la société. On oublie que la société est faite pour
les particuliers. » Il considérait toute autorité qui
s'étend au delà du nécessaire comme une tyrannie;
mais il n'eut jamais une idée très claire de ce que
nous désignons aujourd'hui par le nom de garanties politiques. Il croyait trop aisément que les attributions consultatives de certaines assemblées locales,
et la publicité étendue donnée à leurs délibérations
sous forme de vœux, pouvaient tenir lieu des libertés
politiques et suffisaient à garantir les droits des
citoyens.

Par D'Alembert, Turgot entra à l'Encyclopédie et
fit la connaissance personnelle de Voltaire. C'est
en 1760 qu'il accomplit le pèlerinage des Délices.
« Vous aurez bientôt, écrit D'Alembert à Voltaire,
une autre visite, dont je vous préviens : c'est celle de
M. Turgot, plein de philosophie, de lumières, de

connaissances et fort de mes amis, qui veut aller vous voir *en bonne fortune*. Je dis en bonne fortune, car, *propter metum judæorum,* il ne faut pas qu'il s'en vante trop, ni vous non plus. »

Voltaire répondit à D'Alembert, après avoir reçu la visite de Turgot : « Je suis encore tout plein de M. Turgot. Je ne savais pas qu'il eût fait l'article Existence; je n'ai guère vu d'homme plus aimable ni plus instruit, et, ce qui est rare chez les métaphysiciens, il a le goût le plus fin et le plus sûr. »

Quoique Turgot ait été tout à fait séduit par Voltaire, sa passion n'était pourtant pas aveugle et elle subit quelques éclipses : d'abord quand Voltaire prit pour de la prose les vers métriques de l'abbé de Laage; plus tard, aussi, quand le patriarche de Ferney fit paraître sa spirituelle diatribe contre l'impôt unique sous le titre de *l'Homme aux quarante écus.* Du côté de Voltaire, il y eut plus de constance; il ressentit la destitution de Turgot en 1776 comme un malheur personnel. « Je ne vois plus que la mort devant moi, écrit-il à La Harpe, depuis que M. Turgot est hors de sa place. Je ne conçois pas comment on a pu le renvoyer. Ce coup de foudre m'est tombé sur la cervelle et sur le cœur. »

Deux ans après, en 1778, quand il vint à Paris, où il fut reçu comme un triomphateur, il voulut voir Turgot.

« Nous avons été témoins en 1778, dit Condorcet, de l'enthousiasme mêlé d'une vénération tendre et

profonde que le nom, que la vue de M. Turgot exci-
taient dans cet illustre vieillard. Nous l'avons vu,
au milieu des acclamations publiques, accablé sous
le poids des couronnes que lui prodiguait la nation,
se précipiter au-devant de M. Turgot d'un pas chan-
celant, saisir ses mains malgré lui, les baiser et
les arroser de ses larmes en lui criant d'une voix
étouffée : « Laissez-moi baiser cette main qui a signé
le salut du peuple ».

Turgot écrivit en 1755 pour l'*Encyclopédie* cinq
articles, qui parurent en 1756 : Étymologie, Existence, Expansibilité, Foires et Marchés, Fondations.
Il avait formé le projet d'y faire insérer encore d'autres articles, comme Mendicité, Inspecteurs, Hôpital,
Immatérialité ; mais, l'autorisation ayant été retirée à
la publication de l'œuvre des philosophes, il ne crut
pas compatible avec sa qualité de magistrat d'y col-
laborer plus longtemps.

La publication de l'article Existence fut un véritable événement littéraire et philosophique. Le
monde des gens de lettres et des encyclopédistes
avait été frappé de la précision et de la clarté du
style, de la nouveauté et de la profondeur des idées.
Un écrivain, un philosophe semblait s'être révélé.
Une impression semblable se produit encore aujour-
d'hui sur ceux qui, pour la première fois, lisent ce
morceau remarquable. Cousin l'admirait beaucoup
et lui a ait une place à part dans l'œuvre philosophique du xviiie siècle.

« Comme métaphysicien, dit-il, Turgot appartient à l'école de Locke, ainsi que tous les hommes de son siècle, ainsi que Hutcheson et Smith, avec lesquels il a tant d'analogie; mais, comme eux, il a su échapper à tous les vices de cette école, grâce à l'étendue et à la pénétration de son intelligence, grâce surtout à la noblesse de ses sentiments et de son caractère. Dans une lettre à Condorcet sur le livre de l'*Esprit*, il fait justice de la triste et absurde morale d'Helvetius.... Mais la trace la meilleure qui subsiste de sa métaphysique est l'article Existence. »

CHAPITRE III

Turgot ne séparait pas les lois économiques des autres lois morales, et il en poursuivait simultanément l'étude, avec le même enthousiasme.

Les hommes formaient pour lui une société naturelle et ne lui paraissaient pouvoir atteindre le degré de prospérité dont ils sont susceptibles, que dans des conditions dont il leur est impossible de s'affran chir. Ces conditions forment des lois qui ne sont pas semblables aux lois positives, et qui ne trouvent pas, comme elles, de sanction dans des peines pécuniaires ou corporelles, mais qu'il est pourtant impossible d'enfreindre sans un réel dommage. Si l'humanité cherche à s'y soustraire; si elle y désobéit, elle fait elle-même obstacle à ses propres progrès et ne réalise pas le degré de bien-être et de richesse qu'elle aurait pu, en les respectant, procurer aux individus qui la composent. Telle est l'idée générale que se faisait Turgot des rapports du droit naturel avec l'économie politique.

Quesnay était alors dans tout l'éclat de sa gloire; il avait publié ses maximes et son tableau économique. Ses disciples étaient comme des initiés et traitaient le maître comme une sorte de Dieu. Ils s'appelaient les *Économistes* et formaient en réalité une secte. Turgot n'aimait pas l'esprit de secte. Dans une de ses lettres sur la liberté du commerce des grains, on lit ce passage : « Je sais bien que ceux qui depuis quelque temps parlent ou écrivent contre la liberté du commerce des grains, affectent de ne regarder cette opinion que comme celle de quelques écrivains, qui se sont donné le nom d'Économistes, et qui ont pu prévenir contre eux une partie du public par l'air de secte qu'ils ont pris assez maladroitement et par un ton d'enthousiasme qui déplaît toujours à ceux qui ne le partagent pas. »

Quoique professant l'admiration la plus sincère pour Quesnay, Turgot préférait l'intimité de Gournay à celle de l'auteur du *Tableau économique*. Gournay, son second maître et peut-être celui des deux qu'il aimait le plus, avait, il est vrai, adopté les idées de Quesnay; mais il travaillait dans ce qu'on pourrait appeler un autre champ de ce domaine qu'ils avaient créé ensemble et dont ils avaient enrichi le monde.

Dupont de Nemours se donne beaucoup de peine pour établir l'identité de vues de ces deux hommes remarquables et il a imaginé, pour la science dont ils s'occupaient, tous les deux à la même époque, le nom de « physiocratie ». Gournay était pour lui un physiocrate comme Quesnay.

L'idée principale de Quesnay était de porter l'agriculture au plus haut degré possible de prospérité. Il considérait comme dépendant du travail de la terre toutes les autres occupations du monde, et s'il réclamait la liberté pour l'industrie et le commerce, c'était afin que la liberté du commerce, en facilitant la mise en œuvre et le commerce des produits agricoles, assurât à l'agriculture les moyens de se développer davantage. « Pauvres paysans, disait-il, pauvre royaume; pauvre royaume, pauvre souverain. »

Gournay, tout en reconnaissant que l'intérêt agricole devait être le principal souci des hommes d'État, s'attachait surtout à éclairer les questions économiques nées de l'industrie et du commerce. Il avait remarqué que la concurrence était le plus puissant aiguillon du travail et que chacun de nous savait mieux que son gouvernement ce qui était le plus favorable à son propre intérêt. Il avait pris pour maxime cette parole : « Laissez faire, laissez passer. »

Les idées propres de Gournay, développées et appliquées par Turgot, sont devenues l'économie politique moderne, l'économie politique d'Adam Smith et de Jean-Baptiste Say.

Les doctrines économiques de Turgot sont résumées dans deux écrits sortis de sa plume. Le premier est une étude sur Gournay, qu'il a envoyée en

1752 à Marmontel pour l'aider à composer l'éloge de leur ami commun.

Le second, intitulé *Essai sur la formation et la distribution des richesses*, est un tableau de l'économie politique, remis par Turgot à deux jeunes Chinois venus en France pour faire leurs études et qui étaient sur le point de retourner dans l'Extrême Orient.

Les réflexions sur la formation et la distribution des richesses forment un opuscule divisé en cent paragraphes. Les sept premiers sont consacrés à établir que le travail de la terre est la source unique de la richesse. C'est la pure doctrine de Quesnay. Toutes les choses qui servent à l'homme sont des produits de la terre. Toutes les préparations que leur fait subir l'industrie, tous les changements de lieux auxquels les soumet le commerce, sont des opérations qui n'ajoutent aucun produit nouveau à ceux qui sont sortis de la terre cultivée. Le travail agricole est le seul au moyen duquel on puisse accroître la richesse d'une nation. La terre paye immédiatement au cultivateur le prix de son travail, mais ce qu'elle lui donne vaut plus que la peine qu'il a prise. C'est un résultat physique de la fertilité du sol qui dépasse toujours la somme de travail par lequel on a sollicité cette fertilité. Le superflu que la nature accorde ainsi, en pur don, aux cultivateurs au delà du salaire de leurs peines leur permet d'acheter le travail des autres membres de la société, et ceux-ci, en vendant leur travail aux cultivateurs, gagnent simplement ce qui leur est nécessaire pour s'alimenter et pour vivre. Le propriétaire cultivateur, dont le superflu fait travailler les autres, est donc, pour Turgot, le seul producteur des richesses, richesses qui, par leur circulation, animent tous les travaux de la société.

La société est ainsi partagée en deux classes, toutes deux laborieuses, dont la première tire de la terre des richesses continuellement renaissantes, et dont la seconde, occupée à préparer les matières produites, ne reçoit, en échange de son travail, que sa subsistance. La première peut s'appeler la classe productrice, la seconde la classe stipendiée.

Après ce préambule, Turgot énumère dans les paragraphes suivants les différentes manières de faire valoir les terres, et cherche à démontrer par de nouveaux arguments ce qu'il a déjà énoncé dans la première partie de son essai : que la terre seule peut fournir un produit net, c'est-à-dire quelque chose en sus des frais de culture et de l'intérêt des capitaux.

Les autres paragraphes, jusqu'au cinquante et unième, sont consacrés à la question des capitaux, à celles de la monnaie, du commerce et de la circulation de l'argent. Avant que l'or et l'argent fussent devenus le gage représentatif de toute espèce de richesses, les échanges, selon Turgot, se faisaient en nature. On donnait alors des boisseaux de blé contre des pintes de vin. La concurrence entre ceux qui avaient plus ou moins besoin de telle ou telle marchandise, déterminait une valeur courante pour

chacune d'elles, relativement à toutes les autres.
Toute marchandise a pu devenir ainsi l'équivalent
de toutes les autres et servir de mesure commune
pour comparer la valeur des autres marchandises
entre elles. La même quantité de blé, qui valait dix-
huit pintes de vin, valait également un mouton, ou
une pièce de cuir préparé, ou une certaine quantité
de fer, et toutes ces choses avaient ainsi, dans le
commerce, une même valeur. Mais toutes les pintes
de vin n'ont pas la même valeur, et si dix-huit pintes
de vin d'Anjou valent un mouton, dix-huit pintes de
vin du Cap en valent un bien plus grand nombre. On
a été obligé, pour éviter les équivoques qui résul-
taient de ce que la même expression s'appliquait à
des objets de qualités variables, de choisir, comme
mesure de la valeur des autres marchandises, une
marchandise qui fût toujours identique à elle-même,
qui fût en outre facile à transporter et qui pût être
conservée sans s'altérer. L'or et l'argent réunis-
saient toutes ces qualités à un degré supérieur, et
ils sont devenus, par la nature des choses, la monnaie universelle.

Les cinquante derniers paragraphes de l'ouvrage
de Turgot traitent de la formation des capitaux et
des emplois divers qu'on peut en faire, soit en ache-
tant un fonds de terre, soit en les employant dans
une exploitation agricole, dans une entreprise industrielle ou dans une opération commerciale, soit enfin
en les prêtant, moyennant intérêt, à ceux qui ont
besoin d'argent.

En analysant ces cinq manières de placer les
capitaux, Turgot fait remarquer, et il le prouve, que
les avances, c'est-à-dire les capitaux préalables, sont
toujours nécessaires à quiconque veut faire une entreprise, quelle qu'en soit la nature. Les entreprises
agricoles ne peuvent pas s'en passer plus que les
autres. Il en tire cette conséquence que la culture
a, comme l'industrie, ses entrepreneurs et ses ouvriers. Les entrepreneurs fournissent le capital, et
les ouvriers, la main-d'œuvre. Les simples ouvriers
de la culture, comme les simples artisans de l'industrie, n'ont d'autre bien que leurs bras et n'ont
d'autre profit que leur salaire. Sans capitaliste,
c'est-à-dire sans capitaux, il ne peut y avoir de
grande culture, et la grande culture est nécessaire
au progrès, car la terre ne peut, que par la grande
culture, rendre tout ce qu'elle est capable de donner.

La culture des terres, les industries de tout genre,
roulent donc sur une masse de capitaux ou de
richesses mobilières accumulées, qui rentrent chaque
année dans les mains de ceux auxquels elles appar-
tiennent pour être reversées et avancées de nouveau
l'année suivante et permettre aux mêmes entreprises
de se continuer.

Revenant, à la fin, sur la théorie chère à Quesnay,
Turgot conclut à exonérer de toute contribution aux
dépenses publiques le produit des capitaux, parce
que c'est un produit prélevé sur celui des terres.
Seul le revenu des propriétaires peut être considéré comme libre, parce qu'il constitue une richesse

disponible, et seule la richesse disponible peut être employée aux dépenses de l'État.

Tel est le célèbre opuscule de Turgot. Il renferme, sur les capitaux, la monnaie et la concurrence, les vérités les plus précieuses et les plus nouvelles pour l'époque où elles ont été produites. Il devait être et il a été nécessairement et incessamment présent à l'esprit d'Adam Smith, quand l'auteur de la *Théorie des sentiments moraux* écrivait, neuf ans plus tard, sa *Richesse des nations*.

Mais on est bien obligé de reconnaître que, s'il est plein de vérités, il abonde aussi en erreurs; qu'il est comme imprégné de la pensée de Quesnay sur le produit net, affirmant sans cesse que la terre doit être considérée comme la source unique de la richesse.

Tout en regrettant les erreurs qui ont séduit Turgot, on ne peut s'empêcher de lui rendre hommage, ainsi qu'aux autres physiocrates. Il faut les honorer, même pour leurs erreurs, car s'ils les ont commises, ce n'est que pour avoir fait une fausse application de lois éternellement vraies, lois que Quesnay a eu l'honneur de découvrir. La fausse application que Turgot en a faite a donné un tel retentissement à ces lois, que tous les penseurs les ont connues et les ont acceptées comme vraies.

Les physiocrates ont affirmé en premier lieu qu'il y avait une loi naturelle de la formation des richesses, et que, pour permettre à cette loi de produire tous ses effets et à l'humanité de s'enrichir, il fallait laisser aux hommes réunis en société et constitués en nations, d'abord la liberté de produire, ensuite la liberté d'acheter, de vendre et de transporter les produits de la culture, de l'industrie et du commerce; enfin la liberté d'accumuler des capitaux, de les faire circuler, de les prêter, de les employer au développement de la richesse générale. C'est la première et la plus haute des vérités qu'on leur doit.

Une autre vérité qu'ils ont enseignée au monde, c'est que les impôts sont soumis à une loi naturelle d'incidence. L'Etat peut forcer une classe de citoyens à payer des impôts, mais il ne peut pas empêcher ceux qui ont fourni les espèces, de s'en faire rembourser par d'autres si la loi économique naturelle le permet ou le prescrit.

Les physiocrates ont établi victorieusement que les contribuables ne sont, dans bien des cas, que des intermédiaires, dont la fonction est de payer les impôts pour ceux qui doivent les acquitter en dernière analyse, faisant ainsi de leurs deniers, aux véritables débiteurs de l'Etat, des avances recouvrables, dans un délai plus ou moins long, avec plus ou moins de difficultés.

Ils ont conclu de cette observation que les hommes qui ne possèdent que leurs bras, et dont le travail seul assure la subsistance, ne doivent pas être frappés de ces sortes d'impôts qui, par leur nature, se répercutent, car on obligerait les pauvres, si on les forçait de payer dans ces conditions, à faire des avances à de plus riches qu'eux. D'où ils ont tiré cette autre vérité, non moins évidente que la précédente, qu'il faut asseoir autant que possible les impôts sur la fortune et le revenu de ceux qui, en fin de compte, sont appelés à les supporter.

Mais, à ces grandes vérités découvertes par Quesnay et si bien mises en lumière par Turgot, combien d'erreurs ne se sont-elles pas mêlées ? Est-il possible de croire, avec Quesnay et avec Turgot, que la terre soit la source unique des richesses, des richesses renaissantes, pour employer l'expression même dont se sert Turgot ? Nous savons aujourd'hui que tous les capitaux indistinctement, quelle que soit la forme qu'ils affectent, quel que soit l'emploi auquel on les destine et l'usage qu'on en fait, pourvu que ce soit un emploi et un usage productifs, ont, comme la terre, la faculté de faire renaître incessamment de nouvelles richesses dont ils sont la source. Adam Smith et Jean-Baptiste Say en ont donné des preuves qui ont clos le débat.

N'est-elle pas également contraire à la vérité cette théorie des impôts qui ne reconnaît d'autre ressource légitime au budget des dépenses publiques que ce qu'il est possible de prélever sur le produit net de la nation, comme si l'État ne pouvait faire face à ses dépenses annuelles qu'au moyen des richesses nouvelles créées chaque année.

Si cette opinion était fondée, un peuple stationnaire, c'est-à-dire une nation dont la richesse cesserait de croître et qui vivrait simplement d'un tra-

vail alimenté par les anciennes accumulations de
capitaux, n'aurait aucun droit de demander à ses
nationaux les moyens de subvenir aux dépenses
publiques. Il est pourtant impossible de nier qu'un
peuple, à quelque degré de richesse qu'il soit parvenu, ou à quelque degré de pauvreté qu'il ait été
réduit, ne soit toujours obligé de pourvoir en commun à certains services généraux et de transformer,
quoi qu'il arrive, quelques-unes de ses dépenses privées en dépenses publiques.

La vérité est que l'impôt doit être, pour tout le
monde, une augmentation d'effort ou une diminution de jouissance, et que l'épargne annuelle du
pays, si elle peut concourir à la dépense, ne doit pas
faire le fond unique, ni même le fond principal des
ressources budgétaires.

Une seconde erreur vient s'ajouter à la première.
Non seulement Turgot croit que le Trésor ne peut
être alimenté que par le produit net de la nation,
mais il estime qu'il n'y a, dans la nation, d'autre
produit net que celui des propriétaires; d'où il conclut que les capitalistes, les industriels et les commerçants doivent être exonérés de tout impôt, leur
part dans les contributions publiques étant payée
par les propriétaires, et ceux-ci s'en faisant rembourser en leur vendant plus cher tout ce qui fait
l'objet de leur commerce ou de leur industrie. Dans
une lettre datée de 1766 et conservée aux archives
de Lantheuil, David Hume, écrivant à Turgot, réfute
avec beaucoup de force, après l'avoir exposée avec

beaucoup de clarté, cette doctrine erronée. La première partie de la lettre avait été consacrée par Hume à raconter à son ami, dans les plus grands détails, les incidents de sa querelle avec J.-J. Rousseau. « Mais j'ai le cœur fatigué de ce sujet, comme vous pouvez le croire, et je vais en prendre congé, j'espère bien, pour toujours. Quoique ma lettre ait dû vous fatiguer aussi, je suis tenté de dire un mot de la question politique qui a été souvent agitée entre nous, c'est-à-dire de la méthode qui convient pour asseoir les impôts. Vaut-il mieux les asseoir sur les propriétés foncières, ou sur les consommations? Vous avouerez que, les ressources publiques devant être employées à la défense de la communauté tout entière, il est plus équitable de les tirer de tout le monde; mais vous dites que c'est impraticable et que le poids en tombera sur la terre en fin de compte et qu'il vaut mieux imposer la terre directement. Vous supposez donc que les travailleurs se font toujours payer le prix de leur travail en raison des impôts? Mais c'est contraire à l'expérience. La main-d'œuvre est plus chère à Neufchâtel et dans les autres parties de la Suisse où il n'y a pas d'impôts, que dans les provinces limitrophes de la France, où il y en a beaucoup. Il n'y a presque pas d'impôts dans les colonies anglaises, et la main-d'œuvre y est trois fois plus chère que dans aucun pays d'Europe. Il y a de lourdes taxes sur les consommations en Hollande, et la République ne possède pas de terres sur lesquelles elles puissent tomber. Le prix de la main-

d'œuvre dépendra toujours de la quantité du travail
et de la quantité de la demande d'ouvrage, et non pas
des impôts. Les marchands qui fabriquent le drap
qu'on exporte, ne peuvent élever le prix de leur
main-d'œuvre, parce que, s'ils le faisaient, le drap
serait trop cher pour être vendu sur les marchés
étrangers; et ceux qui travaillent pour la consommation du drap à l'intérieur, ne peuvent pas non
plus élever leur prix, car il n'y a pas deux prix
pour la même espèce de main-d'œuvre. Cela est
vrai de tous les produits dont il est exporté quelque
quantité, c'est-à-dire de tous les produits; et même
s'il y avait quelque produit dont aucune quantité ne
serait exportée, le prix de la main-d'œuvre qui y est
employée ne pourrait s'élever, car l'élévation du
prix attirerait tant de travailleurs dans cette nature
d'industrie, qu'il en résulterait immédiatement une
baisse dans le prix de la main-d'œuvre. Il me semble
que, lorsqu'une taxe est mise sur la consommation,
ou les travailleurs consomment moins, ou ils travaillent davantage. L'homme n'acquiert pas plus
de puissance productive, mais il peut ajouter quelques heures de plus à son travail de la semaine. Il est
rare qu'il soit si pauvre qu'il ne puisse retrancher
quelque chose de sa dépense. Qu'arrive-t-il quand le
blé monte de prix? Le pauvre n'a-t-il pas une vie
plus dure et un travail plus grand? Une taxe produit le même effet. Je vous prie aussi de considérer
que, en sus des propriétaires de terres et des pauvres travailleurs, il y a toujours un nombre consi-

dérable de gens très opulents qui emploient leurs
fonds dans le commerce et qui jouissent d'un large
revenu en donnant du travail aux pauvres. Je suis
persuadé qu'en France et en Angleterre les revenus
de cette nature sont beaucoup plus grands que ceux
qu'on tire de la terre. Car, outre les marchands proprement dits, je comprends dans cette classe tous
les boutiquiers et tous les maîtres marchands de tous
genres, et je trouve très juste que ceux-là payent
pour les besoins de la communauté; ce qui ne peut
avoir lieu que si on met les taxes sur les consommations. Il me semble qu'il n'y a pas moyen de dire
que cet ordre de citoyens reporte nécessairement
ses taxes sur les propriétaires de la terre, puisque
ses profits et revenus peuvent sûrement subir des
réductions.• » Voilà une bien bonne leçon d'économie politique donnée à Turgot une année avant
qu'il ait produit son *Essai sur la formation et la distribution des richesses* et neuf ans avant la *Richesse
des nations* d'Adam Smith. Turgot répondit, et sa
réponse, qui nous a été conservée par Hill Burton,
porte la date du 25 mars 1767. Il reconnaît que la
loi de l'offre et de la demande détermine le prix du
travail. « Vous observez avec raison, dit-il, que ce
ne sont point les taxes plus ou moins fortes qui
déterminent le prix des salaires, mais uniquement
le rapport de l'offre à la demande. Ce principe n'a
jamais été contesté; c'est l'unique principe qui fixe
immédiatement le prix de toutes les choses qui ont
une valeur dans le commerce. » Et pour expliquer

la contradiction qui paraît en résulter avec la doctrine de Quesnay, il distingue deux prix, « le prix courant, qui s'établit par le rapport de l'offre et de la demande, et le prix fondamental, qui, pour une marchandise, est ce que la chose coûte à l'ouvrier ». C'est dans cette distinction que Turgot aurait trouvé la réponse qu'il eut faite à ses détracteurs, quand ils l'ont accusé, comme ils l'en accusent encore, d'avoir condamné l'ouvrier à une misère éternelle, par la loi d'airain du salaire.

Turgot divisait avec Quesnay l'humanité en deux classes, la productrice et la stipendiée, la productive et la stérile. L'ouvrier ne concourt pas à former un produit net; il ne peut y prendre aucune part, et son salaire ne lui assure que le strict nécessaire de la vie, sa subsistance. « En tout genre de travail, a dit Turgot, dans l'*Essai sur la formation et la distribution des richesses*, « il doit arriver et il arrive » que le salaire de l'ouvrier se borne à ce qui lui est nécessaire pour lui procurer sa subsistance. »

Louis Blanc s'élève contre cette théorie : « Le principe auquel on a trouvé de nos jours, dit-il, cette lâche et cruelle formule : chacun pour soi, chacun chez soi, Turgot a eu le malheur de l'adopter, et, le principe une fois admis, si les conséquences sont funestes, qu'y faire? *Cela doit arriver*. Oui sans doute, il *doit* arriver que l'ouvrier soit réduit au strict nécessaire, quand on a pris pour point de départ le droit individuel; mais en serait-il de même dans un régime de fraternelle association? »

Turgot a déposé le germe de sa défense dans sa lettre du 25 mars 1767. La *loi d'airain*, aurait-il répliqué, détermine le prix fondamental du travail, la loi de l'offre et de la demande en détermine le prix courant. « Quoique le prix fondamental ne soit pas, dit-il, le principe immédiat de la valeur courante, il est cependant un minimum au-dessous duquel elle ne peut baisser : car si un marchand perd sur sa marchandise, il cesse de vendre ou de fabriquer; si un ouvrier ne peut vivre de son travail, il devient mendiant ou s'expatrie. Ce n'est pas tout, il faut que l'ouvrier trouve un certain profit, pour subvenir aux accidents, pour élever sa famille.... L'ouvrier, comme vous le dites, s'ingénie pour travailler plus ou consommer moins, mais tout cela n'est que passager. Il n'est sans doute aucun homme qui travaille autant qu'il pourrait travailler. Mais il n'est pas non plus dans la nature que les hommes travaillent autant qu'ils pourraient travailler, comme il ne l'est pas qu'une corde soit tendue autant qu'elle peut l'être. Il y a un degré de relâchement nécessaire dans toute machine, sans lequel elle courrait risque de se briser à tout moment.... Cette espèce de superflu sur lequel on peut à toute rigueur se retrancher, est encore un élément nécessaire dans la subsistance usuelle des ouvriers et de leurs familles. »

Turgot considérait les Anglais comme peu propres à comprendre Quesnay. « Nos philosophes économiques, écrivait-il à Hume le 23 juillet 1766,

sectateurs de Quesnay, soutiendront fortement le
système de leur maître. C'est un système dont les
écrivains anglais sont fort éloignés quant à présent;
et il est trop difficile d'en concilier les principes
avec l'ambition de monopoliser le commerce de
l'univers, pour espérer qu'ils l'adoptent d'ici à
longtemps. »

Il ne fut pas converti par la correspondance de
son ami : son siège était fait; il était physiocrate et il
resta physiocrate. David Hume ne put que s'en affli-
ger, car s'il aimait Turgot, il n'aimait guère la secte
des économistes, témoin cette boutade qu'il écrivait
à l'abbé Morellet, le 15 mai 1769 :

« Je vois par votre prospectus (le prospectus d'un
nouveau Dictionnaire du commerce) que vous prenez
garde de ne pas désobliger vos économistes par
une profession de foi quelconque de vos sentiments;
en quoi je loue votre prudence. Mais j'espère que,
dans l'ouvrage, vous les foudroierez, vous les écra-
serez, vous les broierez et les réduirez en poussière
et en cendre. C'est en vérité la poignée d'hommes
la plus chimérique et la plus arrogante qui existe
depuis que la Sorbonne n'est plus rien. Excusez-moi
de vous parler ainsi, à vous qui appartenez à ce
corps vénérable. Je me demande ce qui a pu engager
votre ami M. Turgot à se mettre dans leur troupeau,
je veux dire dans celui des économistes, quoiqu'il
ait été aussi, je crois, un Sorbonnien. »

Turgot a toujours été fidèle à la doctrine de
Quesnay; il l'a toujours affirmée avec une conviction

profonde. On peut même dire qu'il se l'est rendue,
pour ainsi dire, personnelle par la force avec
laquelle il l'a exposée. Il ne faut pas oublier cependant qu'il n'était pas de la petite Église, que personne — lui-même aurait protesté autant et plus que
les autres — ne le reconnaissait comme l'interprète
attitré, officiel, du Maître, et qu'il lui répugnait d'attribuer aux maximes de Quesnay cette valeur dog-
matique que les initiés ont de tout temps attachée
aux idées des fondateurs de leur secte.

En dehors de l'école proprement dite des économistes, il avait des amis et même des maîtres. Il
professait pour Gournay un respect égal à celui
qu'il avait pour Quesnay. Il vivait avec lui dans les
termes d'une intimité plus familière.

Pour comprendre sa doctrine, il ne faut donc pas
se borner à en chercher le sens dans l'*Essai sur la
formation et la distribution des richesses* ; il faut
encore en suivre le développement dans ses entretiens avec Gournay.

Ce n'est pas à dire que Turgot ait modifié, dans
les études qu'il a poursuivies avec Gournay, les
idées fondamentales sur le rôle de la terre dans la
production de la richesse, qu'il avait puisées auprès
de Quesnay, ni qu'il ait reconnu, à la suite de ses
entretiens avec Gournay, des erreurs dans lesquelles
il serait tombé précédemment.

L'*Essai sur la formation et la distribution des
richesses* est postérieur à la mort de Gournay ; mais
la théorie de la liberté du travail, du commerce et

de l'industrie, qui constituait, à proprement parler, toute l'économie politique de Gournay, a reçu de Turgot un tel éclat par les applications qu'il en a faites et par les admirables preuves qu'il a données des résultats heureux qui pouvaient en sortir, qu'elle a fait oublier les erreurs du produit net et de la prédominance exclusive de la terre sur les capitaux mobiliers.

La recherche du produit net qui doit fournir la substance de l'impôt, et la théorie foncière qui voit dans la terre la source unique de toute richesse, sont devenues simplement des hypothèses qui ont expliqué la grande loi de l'incidence naturelle des impôts et qui ont mis en lumière l'admirable maxime qu'il n'y a pas d'État riche là où le peuple est pauvre, d'où l'on a tiré cette autre conséquence d'une vérité non moins incontestable, que l'État ne peut pas s'enrichir quand il ruine les contribuables. Si l'on considère certains prolégomènes économiques comme des hypothèses, on peut dire que les théories de Quesnay ont été aussi utiles au progrès des sciences économiques que d'autres hypothèses aujourd'hui abandonnées sur l'émission de la lumière et sur la nature de l'électricité l'ont été au progrès des sciences physiques. Turgot s'en est servi à l'exemple des hommes les plus éminents de son siècle, mais c'est en dehors de ces hypothèses et en affirmant la liberté du travail et du commerce, c'est en fondant la doctrine de la liberté du travail sur des bases inébranlables, qu'il a été le précurseur d'Adam

Smith, peut-être son maître, et qu'il mérite d'être considéré comme le véritable chef de l'école économique moderne.

Gournay, dont le vrai nom était Vincent, est né à Saint-Malo en 1712. A dix-sept ans il fut envoyé à Cadix par ses parents pour apprendre le commerce; il y réussit. En 1744 ses affaires le ramenèrent en France et le mirent en relation avec Maurepas, qui apprécia son mérite. Deux ans plus tard, son associé, M. Jametz de Villebarre, lui laissa sa fortune et, dans cette fortune, la terre de Gournay dont il prit dès lors le nom. Il avait étudié en détail l'Angleterre et la Hollande, qu'il avait visitées, et lisait avec beaucoup d'ardeur les livres qui avaient pour objet la science du commerce. Les traités de Josias Child et les mémoires de Jean de Witt furent les ouvrages dans lesquels il puisa les premiers éléments de ses connaissances économiques. Il se retira des affaires en 1748 et vint habiter Paris. M. de Maurepas l'engagea à chercher une place d'intendant du commerce et il la lui fit obtenir en 1751. C'est à cette époque qu'il entra en relation avec les économistes.

Dupont de Nemours, qui tient beaucoup à l'unité de l'école économique, prétend que Gournay et Quesnay sont arrivés par des côtés différents aux mêmes résultats, qu'ils s'y rencontrèrent, s'en félicitèrent mutuellement, s'applaudirent tous deux en voyant avec quelle exactitude leurs principes divers, mais également vrais, conduisaient à des consé-

quences absolument semblables. Cependant il admet
que les deux aspects sous lesquels ils ont considéré « les principes de l'administration politique »
avaient formé deux écoles; la première est celle de
Quesnay, qui a eu pour principaux membres le
marquis de Mirabeau, Abeille, Fourqueux, Bertin,
Dupont de Nemours, l'abbé Roubaud, Le Trosne.
Mercier de la Rivière et l'abbé Baudeau ont fait
dans l'école, comme dit Dupont de Nemours, une
branche particulière. Ils jugeaient qu'il serait plus
aisé de persuader un prince qu'une nation, et qu'on
établirait plus vite la liberté du commerce et du travail ainsi que les vrais principes des contributions
publiques par l'autorité des souverains que par les
progrès de la raison. Quoique cette manière de voir
ne fût pas partagée par tous les économistes, il y
en a beaucoup qui se laissèrent aller sur cette pente,
et nous avons vu qu'on a pu reprocher, non sans
raison, à Turgot de n'avoir pas attaché une importance suffisante au rôle des libertés politiques dans
une nation.

La seconde école est celle de Gournay; elle comprenait Malesherbes, l'abbé Morellet, Trudaine de
Montigny, le cardinal de Boisgelin, l'abbé de Cicé,
et en général les amis particuliers de Turgot, et
Turgot lui-même.

C'est pendant que Gournay était intendant du
commerce qu'il entretint avec Turgot les rapports
les plus intimes. Condorcet parle des conférences
que Turgot eut avec lui. « Turgot en retira, dit-il,

une très grande utilité; il apprit de M. de Gournay
à connaître dans les détails tous les avantages de la
liberté du commerce, tous les inconvénients des prohibitions. » De 1753 à 1756 Gournay fit, à titre officiel, une série de tournées dans les provinces pour
y juger par lui-même de l'état des fabriques et du
commerce. Il visita successivement la Bourgogne,
le Lyonnais, le Dauphiné, la Provence, le haut et
le bas Languedoc et plus tard le Maine, l'Anjou,
la Bretagne, et emmena Turgot avec lui.

Au retour du voyage de 1756 il tomba malade,
languit quelques années et mourut le 27 juin 1759.
Marmontel eut la pensée d'écrire son éloge; il en
parla à Turgot et lui demanda des notes. Quelques
jours plus tard il recevait de l'ami de Gournay un
travail qui contenait une exposition très fidèle et très
claire de ses doctrines.

Ce travail a été publié par Dupont de Nemours
sous le titre d'*Éloge de Gournay*. Il complète l'*Essai
sur la formation des richesses* et forme avec cet Essai
la partie doctrinale de l'œuvre de Turgot.

Gournay ne croyait pas qu'il appartînt au gouvernement de régler le cours des denrées, de proscrire
un genre d'industrie pour en faire fleurir un autre.
Il disait que, depuis un siècle, toutes les personnes
instruites en Hollande et en Angleterre regardaient
les abus qui subsistaient encore en France, comme
des restes de barbarie, comme la marque de l'ignorance et de la faiblesse de ceux qui avaient gouverné
la France jusqu'ici, sans avoir reconnu l'importance

de la liberté ou sans avoir su la protéger, s'ils l'avaient reconnue, contre l'esprit de monopole.

La liberté générale d'acheter et de vendre lui paraissait le seul moyen d'assurer, d'un côté aux vendeurs un prix de vente assez élevé pour encourager la production, de l'autre aux consommateurs le prix d'achat le plus bas possible pour la meilleure marchandise. Il reconnaissait qu'il y avait des marchands fripons et des consommateurs dupes, mais il disait que c'était aux particuliers à faire leur police et qu'on ne devait pas fournir des bourrelets à tous les enfants sous prétexte que les enfants peuvent tomber et se faire du mal en tombant.

Turgot résume dans les trois propositions suivantes la doctrine de Gournay dont il a fait la sienne propre.

Premièrement : « Rendre à toutes les branches du commerce cette liberté précieuse que les préjugés des siècles d'ignorance, la facilité du gouvernement à se prêter à des intérêts particuliers, le désir d'une perfection mal entendue, leur ont fait perdre. »

Deuxièmement : « Faciliter le travail à tous les membres de l'État, afin d'exciter la plus grande concurrence dans la vente, d'où résultera nécessairement la plus grande perfection dans la fabrication, et le prix le plus avantageux pour l'acheteur. »

Troisièmement : « Donner à l'acheteur le plus grand nombre de concurrents possible, en ouvrant aux vendeurs tous les débouchés de sa denrée, ce qui est le seul moyen d'assurer au travail sa récompense et de perpétuer la production, qui n'a d'autre objet que cette récompense. »

Tel était le système de Gournay, adopté et expliqué par Turgot, système, puisque c'est ainsi qu'on l'a qualifié, qui reposait sur cette maxime, que « tout homme connaît mieux son propre intérêt qu'un autre homme à qui cet intérêt est entièrement indifférent ».

Ceux qui combattaient les opinions de Gournay le représentaient comme un enthousiaste, comme un homme *à système*. « Ce nom d'homme à système, dit Turgot, est devenu une espèce d'arme dans la bouche de toutes les personnes prévenues ou intéressées à maintenir quelques abus, et contre tous ceux qui proposent des changements, dans quelque ordre que ce soit. »

CHAPITRE IV

Après la mort de Gournay, Turgot conserva pendant deux années encore les fonctions de maître des requêtes en activité; mais, dans la pensée de devenir intendant, et pour s'y préparer, il demanda à M. de la Michodière la permission de l'accompagner dans ses inspections.

La France était divisée en quarante provinces et trente-cinq généralités.

Les provinces étaient des divisions militaires, commandées par un gouverneur; les généralités, des circonscriptions administratives, dirigées par un intendant. Leur étendue était différente, et leurs limites ne concordaient pas. Il y avait presque toujours plusieurs gouverneurs pour un intendant et plusieurs intendants pour un gouverneur; mais leurs attributions étaient indépendantes les unes des autres. Les intendants étaient des agents de finance, comme

le sont de nos jours les directeurs de nos contributions, mais ils jugeaient certaines affaires conten-
tieuses en matière d'impôts, comme nos conseils de
préfecture; ils avaient en outre dans leurs attributions, comme nos préfets, la police, l'assistance
publique, la milice. Leur puissance était d'autant
plus considérable qu'ils étaient en relations constantes avec le conseil d'État, et que, conservant
leur titre de maître des requêtes, ils siégeaient avec
les autres maîtres des requêtes pendant les séjours
fréquents qu'ils faisaient à Paris.

Turgot fut nommé le 8 août 1761 à l'intendance
de Limoges. « C'est à Limoges qu'on m'envoie,
écrit-il à Voltaire le 24 août 1761. J'aurais beaucoup mieux aimé Grenoble, qui m'aurait mis à portée
de faire de petits pèlerinages à la chapelle de Con-
fucius et de m'instruire avec le grand prêtre. »
La généralité de Limoges comprenait cinq élections : celles de Brive, de Tulle, de Limoges, de
Bourganeuf et d'Angoulême. Le pays était pauvre
et surchargé d'impositions. « Je crois être en droit
d'assurer, dit Turgot, que les impositions de la
généralité de Limoges montent de 48 à 50 pour 100
du produit total, et que le roi tire à peu près autant
de la terre que les propriétaires. »

Pendant treize ans Turgot se consacra, avec une
ardeur qui ne s'est pas démentie un seul instant,
aux intérêts de sa généralité; mais il ne put contenter tout le monde. En 1774, quand il la quitta pour
le ministère, les uns prétendirent qu'il s'y était fait

adorer, tandis que les autres soutinrent qu'il s'y était fait détester. Les uns et les autres avaient sans doute raison. La noblesse limousine avait été accoutumée à se servir de l'Intendance pour obtenir des faveurs, pour faire modérer les tailles et les capitations de ses protégés, et pour réduire au plus bas ses propres vingtièmes. Elle ne pardonna pas à Turgot d'avoir rompu avec des traditions qui lui étaient si favorables. Elle le traitait volontiers d'homme à projets et à système, comme on avait fait de Gournay. « Oui, Madame, il est systématique, s'écriait l'abbé Baudeau en parlant à une dame qu'il ne nomme pas, mais dont il dit qu'elle était une spirituelle bégueule de cour et une des mères de l'Église jésuitique ; oui, Madame, il est systématique.... Eh ! croyez-vous donc que pour conduire un royaume comme la France il faut des idées décousues et des routines. » Il s'était donc fait beaucoup d'ennemis parmi les petits gentilshommes du pays. Mais si la noblesse limousine lui était hostile, il n'en était pas de même des paysans. Son départ fut annoncé publiquement en chaire par tous les curés de la province, qui partout dirent la messe à son intention. Les paysans suspendirent leurs travaux pour y assister et ils répétaient : « C'est bien fait au roi d'avoir pris M. Turgot, mais c'est bien triste à nous de ne l'avoir plus ».

Nous ne pouvons pas écrire l'histoire de son administration, ni faire une analyse complète de ce qu'il appelait ses œuvres limousines : ce serait un travail trop étendu, qui nous ferait d'ailleurs entrer dans des détails aujourd'hui dépourvus d'intérêt; mais ce qu'il est nécessaire de faire ressortir pour bien faire comprendre le génie de Turgot, c'est la hauteur de vues avec laquelle il n'a jamais cessé de traiter les questions administratives qu'il avait à résoudre. Il n'y avait pas d'affaire, si insignifiante qu'elle fût, qui ne lui fournît une occasion d'affirmer des principes. Les circulaires à ses agents, ses lettres au ministre, ses avis au Conseil, sont autant de traités sur les théories et les lois économiques. Tels sont ses *Avis sur l'assiette et la répartition de la taille* (1762 à 1770), son *Mémoire sur les prêts à intérêt et sur l'usure* (1769), ses *Lettres sur la liberté du commerce des grains* (1770). Et ce qui est vraiment étonnant, c'est que tout ce qu'il écrit est comme improvisé. Il n'a pas besoin de longues études pour remonter des effets aux causes; son éducation première, les habitudes de son esprit, la rectitude de son jugement lui montrent tout de suite le fond des choses, et il y pénètre sans hésitation ni confusion. Ce n'est pas à dire qu'il se contentât d'une première vue ni qu'il négligeât les détails ou qu'il ne fût pas laborieux; au contraire, il travaillait immensément, et les nombreuses attaques de goutte auxquelles il était sujet ne le détournaient jamais de ce qu'il avait à faire. Il ne se reposait que dans ses correspondances intimes, et il avait beaucoup de correspondants. Avec Caillard il parlait de poésie, lui communiquant ses traductions d'Horace ou de Pope et

lui envoyant, pour être acheminés sous le voile de
l'anonyme à Ferney, ces vers métriques que Voltaire
prenait pour de la prose. Il raisonnait sur la pro-
nonciation des anciens et ne pouvait pardonner à
David Hume de croire que les anciens romains pro-
nonçaient le latin à l'anglaise, disant *e* pour *a*, *i* pour
e et *you* pour *u*. Avec Condorcet il échangeait des
vues sur la philosophie, sur la morale, sur la science.
Son esprit n'était jamais plus libre que quand il
était plus rempli.

Cependant l'intérêt de ses administrés était sans
cesse l'objet de sa sollicitude. Une de ses occupations les plus constantes, pendant les premières
années de son intendance, avait été la revision des
rôles des tailles. La taille était alors assise en Limousin au moyen d'un tarif imaginé vingt ans auparavant par M. de Tourny. L'ancien intendant avait
voulu corriger les abus de la taille arbitraire, et avait
conçu, pour y arriver, le plan d'une refonte de toutes
les évaluations anciennes du produit des terres et
l'établissement d'une base d'imposition normale
fondée sur une sorte de cadastre. Mais les arpentements n'avaient été achevés que dans une partie de la
province, les deux tiers seulement, et les évaluations
avaient été arrêtées, la plupart du temps, après une
simple inspection des lieux, pour ainsi dire à vue
d'œil, ou à vol d'oiseau et par masses de culture.

Il en était résulté des inégalités si choquantes
que les populations n'avaient trouvé aucun soula-
gement dans l'abandon de la taille arbitraire, ni

dans l'exécution d'un cadastre si incomplet. Turgot crut nécessaire de tout refaire et d'entreprendre une revision générale.

C'était un vrai cadastre qu'il avait en vue; il voulait faire en quelque sorte une description de la province, fonds par fonds, description géométrique et en plan, qui pût être conservée et tenue à jour au fur et à mesure des changements dans la consistance et la nature de toutes les propriétés. Mais l'établissement d'un cadastre avec des arpentements et des évaluations a toujours été et sera toujours une œuvre très longue, très difficile et d'un prix fort élevé.

« Si j'avais connu alors, écrit Turgot en 1762 au contrôleur général, aussi distinctement qu'aujourd'hui l'immensité du travail nécessaire non seulement pour perfectionner l'opération à l'avenir, mais pour tirer de la confusion le système actuel, je n'aurais peut-être pas eu le courage de l'entreprendre. »

Il ne ménagea d'ailleurs pas sa peine : il mit tous ses soins à éclairer les commissaires, les propriétaires, les paysans, sur toutes les questions que soulevait la revision. Il fit, pour servir à l'éducation du public, proposer par la Société d'agriculture de Limoges un prix sur la théorie des impôts; et, pour combattre les préjugés administratifs, il aborda constamment dans ses lettres et ses avis au conseil et au contrôleur général, à propos des moindres détails, les questions les plus générales et la discussion même du principe des impôts.

Pour Turgot, l'impôt foncier doit être fixe et réel.
Il doit être fixe, « il est très important de répartir
l'imposition que supportent les terres d'après une
évaluation fixe ». Il doit être réel et « ne se répartir
qu'à raison des héritages que possède chaque con-
tribuable et du revenu qu'il en tire ». L'imposition
sur les personnes choque par elle-même, dit-il, parce
que la personne n'est « qu'un amas de besoins »....

Dans son *Plan de Mémoire sur les impositions*,
Turgot examine le système de la quotité par rapport au système de la répartition. On peut demander
à chacun une portion de son revenu : c'est le système de la quotité. On peut se contenter de demander à la nation, à chaque province, à chaque communauté, une somme fixe qui se répartisse ensuite
sur les propriétaires : c'est le système de la répartition. Il trouve au système de la quotité de grands
avantages. L'État percevant une part proportion-
nelle du revenu serait, à son avis, le propriétaire
réel de cette partie du revenu. On s'arrangerait sur
ce pied dans les achats et les ventes. Les acheteurs
finiraient par ne plus acheter la part de l'État. Au
bout de quelque temps, personne ne payerait plus
d'impôt. Le revenu public augmenterait comme les
richesses de la nation, puisqu'il en serait une quote-
part. « La richesse du roi serait la mesure de la
richesse des peuples, et l'administration, toujours
frappée par le contre-coup de ses fautes, s'instrui-
rait par une expérience de tous les instants, par le
seul calcul du produit de l'impôt. »

Malgré tant d'avantages, la chose lui paraît cependant impossible, parce que, dans le système de la quotité, le gouvernement est seul contre tous et que chacun est intéressé à cacher la valeur de son bien, sans que personne soit intéressé à rétablir la vérité. Il ajoute encore une considération qui n'a rien perdu de sa force, parce que la méthode générale d'exploitation des terres a bien moins changé en France, depuis cent vingt ans, que beaucoup de personnes ne se l'imaginent. C'est que si, dans les pays de grande culture, on peut avoir par le prix des fermages un contrôle du revenu foncier, il n'en est pas de même dans les pays de métayage où il n'y a point de baux, et où par conséquent ce genre de contrôle disparaît; et il ajoute que tout n'est point affermé, bien loin de là : « c'est à peine le tiers du royaume qui est cultivé par fermiers ».

Quant à se confier à l'honnêteté des déclarants, il ne croit pas que ce soit un mode pratique de recouvrement de l'impôt, et il termine par cette conclusion fort peu consolante, mais fondée sur une connaissance bien profonde du cœur humain : « La fraude, dit-il, serait très commune et *dès lors ne serait pas déshonnête* ». C'est donc à la répartition d'une somme fixe qu'il conseille de s'en tenir.

Pour lui, l'impôt foncier doit être un impôt de répartition, assis au moyen d'un cadastre immuable, établi par un arpentage et une classification des terres selon leur qualité. Ce système qu'il préconise n'est autre que celui qui a été établi en France par l'Assemblée nationale. Il subsiste encore. Les avantages et les inconvénients qu'on y trouve sont toujours ceux que Turgot avait signalés et on agite encore les mêmes questions qu'à l'époque où l'on essayait d'en perfectionner la répartition dans les provinces où la répartition était en vigueur, et de l'introduire dans celles où le système contraire prévalait encore.

Il se produisit en 1769 à Angoulême une de ces crises commerciales que nous appelons aujourd'hui assez improprement crise monétaire, et qui avait pour cause l'impossibilité où s'étaient trouvés des spéculateurs de soutenir une circulation excessive de papier de complaisance. Il en était résulté des suspensions de payements, des faillites et même des banqueroutes; les engagements échus ne se renouvelaient plus, l'escompte était devenu impossible, les opérations commerciales étaient interrompues; il n'y avait plus d'argent pour aucune affaire, et les meilleurs négociants étaient absolument discrédités. Les marchands qui vendaient des étoffes pour la consommation de la ville s'étaient adressés, suivant l'usage, à Lyon pour donner leurs commissions, et on leur avait répondu qu'on ne ferait aucune affaire avec messieurs d'Angoulême qu'argent comptant.

On a souvent eu à souffrir, depuis cette époque, des crises du même genre. L'excès de la circulation de papier aboutit toujours à un renchérissement de l'argent, qui oblige les spéculateurs à se liquider, et

qui entraîne dans la même ruine que les coupables
les prêteurs imprudents qui leur ont fait confiance.
Mais la crise d'Angoulême de 1769 avait un caractère particulier qui devait en aggraver beaucoup les
conséquences.

Les auteurs de la circulation du papier de complaisance formaient une bande de fripons qui
s'étaient entendus pour tirer parti du fait même de
leur banqueroute, en accusant les escompteurs,
d'usure et en les dénonçant pour ce fait au sénéchal
d'Angoulême. « C'est un grand mal, dit Turgot,
que le dérangement de toutes les opérations du
commerce, l'interruption de la circulation de l'argent, l'alarme répandue parmi les négociants d'une
ville et l'ébranlement de leur fortune. C'en est un
autre non moins grand que le triomphe d'une cabale
de fripons qui, après avoir abusé de la crédulité des
particuliers pour se procurer de l'argent sur des
billets frauduleux, ont eu l'adresse plus coupable
encore de chercher dans des lois mal entendues un
moyen non seulement de se garantir des poursuites
de leurs créanciers, mais encore d'exercer contre
eux la vengeance la plus cruelle : de les ruiner, de
les diffamer et de s'enrichir de leurs dépouilles. »
Turgot proposait en conséquence d'évoquer au Conseil les accusations d'usure qui étaient pendantes au
sénéchal d'Angoulême et d'en renvoyer la connaissance à une commission chargée en même temps de
rédiger une déclaration et de fixer la jurisprudence
sur l'usage du prêt à intérêt dans le commerce.

Conformément à ses conclusions, le Conseil évoqua l'affaire : les procédures contre les prêteurs furent abolies, avec défense d'en intenter de pareilles à l'avenir; mais il n'y eut pas de déclaration; la loi nouvelle que demandait Turgot ne fut pas faite, et la législation sur le taux de l'intérêt demeura obscure comme auparavant et livrée à l'arbitraire des juges.

A l'appui de sa demande d'évocation, Turgot, fidèle à son habitude de traiter au point de vue le plus général, à l'occasion des espèces, les affaires qui se présentaient à lui, fournit au Conseil d'État un mémoire qui est l'ouvrage le plus complet et le plus parfait qui ait jamais été écrit sur la question du prêt à intérêt et de l'usure et qui a mis, du coup, son auteur au rang de nos premiers écrivains.

Il divise son sujet en trois parties : Dans la première partie, il établit la nécessité du prêt à intérêt pour les besoins du commerce et de l'industrie, et démontre que le taux est variable en raison de l'abondance ou de la rareté des capitaux d'abord, et de la certitude ou des risques du remboursement ensuite. Dans la seconde partie, il réfute les arguments des scolastiques, des jurisconsultes et des théologiens. Dans la troisième il recherche les causes historiques qui, en rendant l'usure odieuse, ont fait naître dans le monde une opinion défavorable aux capitalistes prêteurs. Enfin, dans une conclusion très fortement motivée, il demande que le prêt à intérêt soit licite, que le taux puisse en être librement débattu entre les prêteurs et les emprunteurs,

et que les usuriers qui abusent des passions et de
l'inexpérience de la jeunesse, ne soient punis que par
des lois du genre de celles qui atteignent les abus
de confiance et les autres tromperies.

Il n'y a pas, suivant lui, de place de commerce où
la plus grande partie des entreprises ne roulent sur
l'argent emprunté, et il n'y a pas de capitaliste qui
consente à se priver d'un argent dont il pourrait
user, s'il n'y trouvait un avantage correspondant.
Si l'argent prêté ne rapportait pas d'intérêt, on ne
le prêterait pas; et si la loi interdisait le prêt à
intérêt, ou bien la loi serait violée, ou bien le commerce s'arrêterait. Mais si le prêt à intérêt est nécessaire et s'il se fait commerce d'argent, l'argent
doit être considéré comme une véritable marchandise
dont le prix dépend des conventions des parties et
subit comme toutes les autres marchandises l'effet
de l'offre et de la demande. Qu'y a-t-il à reprendre
chez l'emprunteur qui, faisant courir un risque à
son prêteur, consent à lui payer un intérêt élevé,
ou chez le prêteur qui se couvre du risque par une
augmentation de son prix. Aucune loi, ni civile ni
religieuse, n'oblige une personne à procurer à une
autre des secours gratuits; pourquoi la loi civile ou
religieuse défendrait-elle de procurer l'argent au
prix que l'emprunteur consent à le payer pour son
propre avantage? La légitimité de l'intérêt est une
conséquence immédiate de la propriété, du droit
qu'a le propriétaire sur sa chose. Le propriétaire
d'une chose peut la vendre ou la louer; le prix de

la vente ou du louage est toujours juste quand la
volonté des deux parties a été libre et qu'il n'y a
eu de fraude ni de la part de l'une, ni de la part de
l'autre. Ces principes sont avoués de tout le monde
quand il s'agit de toute autre chose que de l'argent;
pourquoi ne seraient-ils pas applicables à l'argent
comme à toute autre chose? Et si l'on dit que c'est
le besoin qui force l'emprunteur à se soumettre
aux conditions de son prêteur, ne pourrait-on pas
répondre que c'est aussi le besoin qui force un
homme à prendre du pain chez un boulanger. Le
boulanger en est-il moins en droit de recevoir le
prix du pain qu'il vend, et l'acheteur peut-il s'emparer du pain du boulanger sans en avoir payé le
prix ?

Les scolastiques sont partis, pour combattre le
prêt à intérêt, d'un raisonnement qu'on dit être dans
Aristote; et, sous prétexte que l'argent ne produit
pas d'argent, ils en ont conclu qu'il n'était pas permis
d'en retirer par la voie du prêt. La prétendue stéri-
lité de l'argent n'est qu'une erreur palpable fondée
sur une misérable équivoque. Ceux qui la soutien-
nent et la répandent, oublient que l'argent est l'instrument nécessaire de toutes les entreprises agricoles, industrielles et commerciales; que, quoiqu'on
le prétende stérile, il est, chez tous les peuples du
monde, l'équivalent non seulement de toutes les
marchandises, de tous les effets qu'on pourrait peut-
être appeler stériles, mais encore des fonds de terre,
qui produisent cependant un revenu très réel.

L'argument des jurisconsultes, de Pothier entre autres, est différent de celui-là. « L'équité veut, dit-il, que, dans un contrat qui n'est pas gratuit, les valeurs données de part et d'autre soient égales, et que chacune des parties ne donne pas plus qu'elle n'a reçu, et ne reçoive pas plus qu'elle n'a donné. Or tout ce que le prêteur exige dans le prêt au delà du sort principal, est une chose qu'il reçoit au delà de ce qu'il a donné, puisqu'en recevant le sort principal seulement, il reçoit l'équivalent exact de ce qu'il a donné. »

L'argument de Pothier est celui dont s'est servi saint Thomas d'Aquin. Les choses fongibles qui font la matière d'un prêt n'ont point un usage qui soit distingué de la chose même ; vendre cet usage au prix de l'intérêt qu'on exige, c'est vendre une chose qui n'existe pas. Turgot considère ce raisonnement comme un tissu d'erreurs et d'équivoques faciles à démêler. Dans toute convention ayant pour base deux conditions réciproques, il ne peut y avoir d'injustice que s'il y a eu violence, fraude, mauvaise foi, abus de confiance. Il n'y a jamais entre deux valeurs échangées, ou entre des objets reçus et donnés, quelque chose comme une égalité ou une inégalité métaphysique. L'égalité de valeur dépend de l'opinion des deux contractants sur le degré d'utilité de choses échangées pour la satisfaction de leurs désirs ou de leurs besoins. Mais, après avoir discuté l'inégalité, on ajoute, comme si c'était un exemple d'inégalité, qu'en rendant plus que le prin-

cipal à celui qui lui a prêté de l'argent, l'emprunteur lui donne plus que ce qu'il a reçu; et l'on en
conclut à l'injustice. Ce raisonnement suppose que
l'argent reçu aujourd'hui et l'argent qui doit être
rendu dans un an sont deux choses parfaitement
égales. N'y a-t-il pas au contraire entre ces deux
valeurs une inégalité, une différence qui est notoire,
et le proverbe trivial, « un tiens vaut mieux que
deux tu l'auras », n'est-il pas l'expression naïve de
cette notoriété ?

Enfin le dernier argument contre la légitimité du
prêt à intérêt est tiré de l'Écriture sainte. On lit
dans l'Évangile de saint Luc : « Mutuum date, nihil
inde sperantes (Prêtez sans en espérer aucun avantage) ». Des gens de bon sens n'auraient vu dans ce
passage qu'un précepte de charité, et il serait impossible d'interpréter le texte autrement si on le remettait à sa place dans la phrase d'où il a été tiré :
« Verum tamen diligite inimicos vestros, benefa-
cite, et *mutuum date nihil inde sperantes*, et erit
merces vestra multa et eritis filii Altissimi, quia ipse
benignus est super ingratos et malos (Aimez vos
ennemis, soyez bienfaisants et prêtez sans en espérer aucun avantage, et votre récompense sera grande
et vous serez les fils du Très Haut, parce que lui-
même fait du bien aux ingrats et aux méchants) ».
Pour Turgot, tout homme qui lira ce texte sans pré-
vention y verra un précepte de charité. Le vrai
sens du passage n'est pas autre que s'il avait été
dit : Comme hommes, comme chrétiens, vous êtes

tous frères, tous amis; traitez-vous en frères et en amis; secourez-vous dans vos besoins; que vos bourses vous soient ouvertes les uns aux autres, et ne vous vendez pas les secours que vous vous devez réciproquement.

La véritable origine de l'opinion qui condamne le prêt à intérêt et l'usure est le cri des peuples auxquels les usuriers ont été de tous temps odieux. Il est doux de trouver de l'argent, il est dur de le rendre. Dans les sociétés naissantes on emprunte peu pour le commerce, on ne le fait que pour vivre; on ne peut rendre que s'il survient des événements heureux, et le prêteur court le risque que ces événements ne se produisent pas. Aussi l'intérêt doit-il être, dans ces conditions, fort élevé. A Rome il était excessif. La dureté des lois contre les débiteurs, toujours faites par les riches, indignait le peuple contre ses créanciers. Dans toutes les républiques anciennes, l'abolition des dettes a toujours été le vœu du peuple et le cri des ambitieux qui cherchaient à captiver la faveur populaire. Quand le christianisme apparut, il s'offrit aux peuples comme la religion protectrice des pauvres; les prédicateurs adoptèrent naturellement une opinion qui était devenue la passion des pauvres, et ils confondirent le prêt à intérêt avec la dureté des poursuites exercées contre les débiteurs insolvables. De là cette tendance dans les anciens docteurs de l'Église à regarder le prêt à intérêt comme illicite.

Cependant les causes qui avaient, autrefois, rendu

odieux le prêt à intérêt ont cessé d'agir avec autant
de force. Le commerce s'est multiplié à l'infini et
emploie des capitaux immenses. Les emprunts faits
par le pauvre pour subsister ne sont qu'une fraction
insignifiante de la totalité des prêts. Ceux à qui on
prête le plus, sont les riches, les hommes indus-
trieux, ceux enfin qui espèrent tirer des profits de
l'argent qu'ils empruntent.

On ne donne plus le nom d'usuriers qu'aux prêteurs à la petite semaine, à quelques fripiers qui
prêtent sur gage aux petits bourgeois et aux artisans dans la détresse, enfin aux hommes méprisables
qui font métier de fournir à des intérêts énormes,
aux enfants de famille dérangés, de quoi subvenir à
leur libertinage et à leurs folles dépenses. Les prêteurs à la petite semaine mettent, après tout, les
petits marchands en état de gagner leur vie; les
prêteurs sur gages prêtent sur des effets dont il est
possible à l'emprunteur de se passer, et l'homme
pauvre s'estime heureux de trouver un secours pour
le moment, sans autre danger que de perdre son gage.
Le peuple a plutôt de la reconnaissance que de la
haine pour ces petits usuriers qui le secourent dans
son besoin, quoiqu'ils lui vendent fort cher ce secours.

Les seuls usuriers nuisibles à la société sont donc
ceux qui font métier de prêter aux jeunes gens dérangés. Mais leur véritable crime n'est pas de faire
l'usure; il est de faciliter, d'encourager le désordre
des jeunes gens. Il faut les punir à ce titre, et non
pas pour l'intérêt qu'ils se sont fait payer.

Quand on lit dans l'original et d'un bout à l'autre le mémoire dont nous venons de donner l'analyse, on est frappé de la force des arguments qui y sont employés, et on ne peut s'empêcher de reconnaître que Turgot en l'écrivant a véritablement épuisé le sujet. La discussion engagée par Turgot, il y a cent vingt ans dans le Conseil du roi, s'est depuis lors renouvelée bien souvent; elle n'est pas encore close; elle n'est peut-être pas près de l'être. Les défenseurs de la liberté du taux de l'intérêt ont fait beaucoup et d'excellents discours, mais, quels qu'aient été leur mérite, leur éloquence, leur facilité de développement, ils n'ont jamais fait autre chose que de reproduire dans la langue du jour les arguments de Turgot. Il n'y a qu'un arsenal où l'on trouve des armes parfaites pour lutter contre les successeurs des scolastiques et des Pothier. Cet arsenal, c'est le mémoire sur les prêts d'argent remis au Conseil du roi en 1769 pour appuyer l'évocation au Conseil des poursuites d'usure pendantes au sénéchal d'Angoulême.

Après la disette des capitaux, dont nous avons raconté l'histoire, la généralité de Limoges eut à subir une autre disette, celle des grains, disette bien plus terrible que celle de l'argent, fléau redoutable dans tous les temps, mais bien plus redoutable encore dans les pays où les voies de communication sont rares, comme elles l'étaient à cette époque en France, et quand les préjugés populaires, encouragés

par les personnages les plus influents de l'administration et de la magistrature, rendent extrêmement
périlleux le commerce des blés. La déclaration royale
de 1763 et l'édit de 1764 avaient consacré « la libre
circulation des blés » dans le royaume; mais cette
liberté était sans cesse menacée par les parlements
et les officiers municipaux. C'est ainsi que le parlement de Bordeaux avait ordonné, par un arrêt du
17 janvier 1770, aux propriétaires et fermiers du
Limousin et du Périgord, de porter chaque semaine
sur les marchés une quantité suffisante de blé pour
l'approvisionnement desdits marchés, et leur avait
fait défense de vendre des grains, soit en gros, soit
en détail, ailleurs que dans ces marchés.

Les échevins de la petite ville de Turenne n'avaient
pas plus respecté la loi. Ils avaient prohibé la sortie
des grains de leur ville, ordonnant aux propriétaires de « délaisser leurs blés en en recevant le
prix comptant au cours du marché »; enfin le lieutenant de police d'Angoulême n'avait pas craint de
rendre une ordonnance pour obliger toutes les personnes qui avaient du grain chez elles en magasin
ou autrement, à n'en rien conserver au delà de ce
qui était absolument nécessaire pour leur nourriture
et celle de leur famille, et il leur avait enjoint de
faire conduire le surplus au marché, sous peine de
mille livres d'amende. C'était ajouter à la disette
locale, qui était fort réelle par suite de la perte de la
récolte, une disette plus générale résultant de l'impossibilité de suppléer par le secours du commerce

au déficit existant dans la généralité. Turgot, averti du danger, prit les mesures les plus énergiques. Il insista auprès du Conseil pour en obtenir la cassation de l'arrêt de Bordeaux. Il ordonna à la municipalité de Turenne de cesser de faire opposition à la sortie des grains. Il fit défendre, par arrêt du Conseil, au lieutenant de police d'Angoulême de faire exécuter son ordonnance. En même temps il faisait distribuer un grand nombre d'exemplaires de la déclaration royale de 1763 et de l'édit de juillet 1764 sur la libre circulation des grains, ainsi que l'ouvrage de Le Trosne intitulé *La liberté du commerce des grains, toujours utile, jamais nuisible*, car il avait coutume de dire : « Les ordres même doivent être semés en terres préparées ». Il ne se contenta pas d'ailleurs de ces mesures en quelque sorte passives ; il organisa des bureaux de charité, obligea les propriétaires à nourrir leurs colons et ouvrit des chantiers pour la construction des routes et des chemins.

Cependant les difficultés politiques que ne manqua pas de faire naître le prix élevé des blés, non seulement à Limoges, mais dans beaucoup de provinces, avaient fortement ébranlé la confiance de l'abbé Terray, si toutefois il était sincère, ce qui n'est pas probable, dans l'efficacité de la liberté de la circulation des grains que le contrôleur général Bertin avait permise par l'édit de 1764 ; l'abbé Terray prit en conséquence la résolution de révoquer l'édit. Avant de donner suite à son projet et quoique pra-

faitement décidé à le faire par toutes sortes de raisons,
dont quelques-unes étaient loin d'être honnêtes, il
le communiqua aux intendants et leur demanda leur
avis.

C'est à cette occasion que Turgot écrivit ses
lettres célèbres sur la liberté du commerce des
grains. Il les improvisa au cours de sa tournée, en
faisant le *département* comme on disait alors, c'est-
à-dire la répartition de l'impôt entre les *élections,*
les *subdélégations* et les *communes.* On était en hiver,
il faisait froid dans la montagne ; les gîtes étaient
rares et mauvais. C'est en voyageant dans des conditions fort pénibles, surtout pour un homme sujet
aux rhumatismes et à la goutte, qu'il les écrivit au
courant de la plume. Rien n'est plus surprenant que
la facilité avec laquelle notre intendant put achever
dans des circonstances si peu favorables un travail
qui est devenu classique et dans lequel toutes les
questions, posées avec une clarté qui ne laisse rien à
désirer, sont résolues par le bon sens, au profit de la
liberté, avec une logique irréfragable. Ces fameuses
lettres, au nombre de sept, sont datées, la première
de Limoges le 30 octobre, la seconde de Tulle le
8 novembre, la troisième d'Egleton le 10 novembre,
la quatrième d'Egleton le 11 et de Bort le 13 novembre, la cinquième de Saint-Angel le 14 novembre, la
sixième d'Angoulême le 27 novembre et la septième
et dernière de Limoges le 7 décembre 1770. Il y en
a malheureusement trois qui ont été perdues ; elles
ont été remises à Louis XVI par Turgot lui-même,

lors de la guerre des farines, en original, et elles
n'ont pas été retrouvées; les minutes ont disparu
et il n'en est resté que des analyses et des fragments;
les autres sont complètes.

Le contrôleur général abbé Terray, se trouvant
avec Turgot à Compiègne, lui avait exprimé, quelques mois auparavant, ses doutes sur les avantages
de la liberté du commerce des grains. « Trois sortes
de personnes, lui avait-il dit, sont intéressées au
choix d'un système sur la police des grains : les
propriétaires de biens-fonds, les cultivateurs et les
consommateurs. Je conviens que le système de la
liberté est infiniment favorable aux propriétaires.
A l'égard des cultivateurs, l'avantage qu'ils y trouvent est purement passager, puisqu'à l'expiration
du bail les propriétaires savent bien se l'appro-
prier tout entier par l'augmentation du fermage.
Enfin les consommateurs souffrent évidemment le
plus grand préjudice de la liberté qui porte les
prix à un taux qui n'a plus aucune proportion avec
leurs moyens de subsister et qui augmente toutes
les dépenses. » Et l'abbé Terray concluait que la
liberté n'était favorable qu'au plus petit nombre des
citoyens, indifférent aux cultivateurs, et très pré-
judiciable à l'incomparablement plus grand nombre
des sujets du roi.

C'est à cette suite de raisonnements que Turgot
entreprit de répondre dans ses lettres. Il considère,
en premier lieu, comme une erreur de croire que
la liberté du commerce puisse avoir pour conséquence

de renchérir le prix moyen des grains; c'est le contraire qui est vrai. Il n'a pas de peine à prouver que si les cultivateurs et les propriétaires ne peuvent disposer librement de leurs récoltes, que s'ils sont forcés de vendre bon marché quand ils sont en perte sur la quantité, sans pouvoir compenser la rareté de leur production par l'élévation du prix, ils sont portés naturellement à préférer d'autres cultures à celle qui les expose à tant de persécutions. La politique d'intervention dans le commerce ne peut avoir d'autre résultat que de diminuer l'importance des récoltes, ce qui entraîne inévitablement une élévation dans le prix moyen des blés. Sous le régime des règlements de police les prix sont plus variables; sous le régime de la liberté ils le sont moins. « Les règlements et les gênes, dit Turgot, ne produisent pas un grain de plus, mais ils empêchent que le grain, surabondant dans un lieu, ne soit porté dans les lieux où il est le plus rare. »

Turgot examine ensuite ce qu'il appelle les trois branches de l'opinion de l'abbé Terray.

Il constate d'abord qu'il est d'accord avec lui sur ce que les propriétaires sont intéressés à la liberté, mais ce n'est pas du tout, comme le croit le contrôleur général, parce que la liberté fait hausser les prix, puisque c'est le contraire qui est vrai. Une des conséquences du défaut de liberté, c'est qu'on n'ose pas dans les bonnes années mettre en magasin le surcroît de sa récolte, de peur d'être poursuivi comme accapareur au jour de la disette. Aussi arrive-t-il qu'aux

époques d'abondance on gaspille le blé; on le pro-
digue au bétail, ce qui équivaut à une diminution de
la production et par conséquent à un amoindrisse-
ment du produit net et de la rente de la terre.

Dans une des trois lettres qui n'ont pas été retrouvées, parce qu'elles ont été perdues avec les papiers
de Louis XVI, Turgot avait fait un compte compa-
ratif et détaillé des frais de production et du prix
moyen du setier de blé en France dans les années
bonnes, passables et mauvaises, et il avait calculé que
l'impossibilité de compenser, quand la liberté du
commerce n'existe pas, les frais et les prix des temps
d'abondance et des temps de rareté, représentait une
diminution de revenu, pour les propriétaires seulement, de 50 millions de livres, sans compter ce qu'il
en coûtait aux ouvriers et aux consommateurs.

Dans sa sixième lettre, Turgot passe à ce qu'il
appelle la seconde branche du raisonnement de
l'abbé Terray, c'est-à-dire le point de vue du cultivateur. Le contrôleur général considérait l'intérêt du
cultivateur comme étant hors de cause, parce que,
dans le cas où les fermiers y auraient trouvé un
avantage, leurs propriétaires se le seraient attribué
à l'expiration des baux. Mais l'abbé Terray oubliait
que la grande culture, celle des fermiers, n'occupait,
comme elle n'occupe encore, qu'une partie du terri-
toire de la France. Les quatre septièmes du pays
étaient exploités par des métayers dont la culture et
le revenu étaient fort médiocres. Ces cultivateurs-là
n'avaient point de baux; ils recevaient une moitié

des fruits. Dans de semblables conditions, l'intérêt du cultivateur ne pouvait être différent de celui du propriétaire, et la liberté du commerce, qui, dans l'idée de Terray, devait servir à l'un, ne pouvait faire que du bien à l'autre. Turgot espérait que l'amélioration de leur situation permettrait aux misérables métayers de son temps de sortir par degrés de leur misère, de se former peu à peu un petit capital de bestiaux et de se transformer en fermiers, c'est-à-dire de payer à leur propriétaire un loyer déterminé.

Cette transformation aurait eu, suivant lui, pour conséquence d'égaler la culture des provinces les plus arriérées à celle des parties les plus riches de la Normandie, de la Picardie et de l'Ile-de-France. « Et quand le système de la liberté ne devrait, dit-il, produire d'autre avantage que celui d'égaler la culture de ces provinces à celle des provinces actuellement exploitées en grande culture; quand le revenu et la culture de celles-ci ne devraient pas être aussi fort augmentés, pourriez-vous vous dissimuler l'immense avantage que cette révolution seule apporterait à l'État, l'immense accroissement des revenus et des subsistances, et ne pas voir ce que la culture en général gagne à la liberté? »

Turgot consacrait sa dernière lettre à discuter l'intérêt des consommateurs, que Terray s'imaginait être lésés par la suppression des gênes de l'ancienne police; il reproduisait et développait dans cette lettre tous les arguments qu'il avait déjà invoqués pour établir que la liberté, en augmentant la masse totale de la production, ne pouvait que diminuer les prix du marché général au profit des consommateurs. Nous n'avons pas besoin d'énumérer une seconde fois ces arguments; mais, ce qui est fort curieux, c'est la discussion qu'il aborde du monopole de la vente des grains par l'Etat. C'était, au fond, les opérations des blés du roi, comme on disait alors, que Terray voulait favoriser par l'abrogation de l'édit de 1764 et, en portant la lumière, sur le terrain du monopole, Turgot touchait au point sensible. Il ne pouvait concevoir une compagnie concessionnaire exerçant le monopole le plus terrible, monopole à l'achat contre le laboureur, monopole à la vente contre le consommateur. D'ailleurs fût-elle composée d'anges, la compagnie ne pourrait pas réussir à égaliser les prix; elle serait incapable de pourvoir à la subsistance de tous, et on dirait toujours qu'elle n'est composée que de fripons. « Si une suite de pertes, dit-il, est occasionnée par une suite de mauvaises récoltes et plus sûrement encore par la mauvaise régie, par les fautes et les négligences, par les friponneries de toute espèce, attachées à la régie de toute entreprise trop grande et conduite par un trop grand nombre d'hommes, que deviendra la fourniture qu'elle s'est engagée à faire? On pendra les directeurs, mais cela ne donnera pas de pain au peuple. »

Cependant l'abbé Terray ne voulait entendre à rien; il se contenta de faire l'éloge des lettres qu'il avait reçues et de les offrir comme des modèles aux autres intendants et il abrogea, par l'édit du 23 décembre 1770, les principales dispositions de l'édit de 1764. Tous ceux qui voulurent se livrer au commerce des grains durent faire inscrire sur les registres de la police leurs noms, surnoms, qualités et demeures, le lieu de leurs magasins et les actes relatifs à leurs entreprises, et ils furent obligés, sous des peines très fortes, de ne rien vendre si ce n'est dans les marchés.

« Dans vingt villages, dit Voltaire, les seigneurs, les curés, les laboureurs, les artisans étaient forcés d'aller ou d'envoyer à grands frais à cette capitale — le lieu du marché ; — si on vendait chez soi, à son voisin, un setier de blé, on était condamné à une amende de 500 livres, et le blé, la voiture et les chevaux étaient saisis au profit de ceux qui venaient exercer cette rapine avec une bandolière (c'est-à-dire une troupe de soldats). Tout seigneur qui dans son village donnait du froment ou de l'avoine à un de ses vassaux, était exposé à se voir punir comme un criminel. »

Pour faire cesser cet abus de pouvoir, il fallait que Turgot devînt ministre.

CHAPITRE V

Louis XVI, en montant sur le trône, avait appelé auprès de lui le vieux comte de Maurepas pour en faire son premier ministre. Il avait mis fin, par cette nomination, au triumvirat d'Aiguillon, Maupeou et Terray, mais il avait renvoyé d'Aiguillon seul et conservé les deux autres comme à titre provisoire. Cependant si l'abbé Terray avait toujours le titre de contrôleur général, on peut dire que son successeur était déjà trouvé; c'était Turgot. L'abbé de Very et la duchesse d'Enville avaient décidé de ce choix.

Very était un ancien condisciple de Turgot et il n'avait jamais cessé d'entretenir avec lui les relations de la plus étroite intimité. Plus tard, à Bourges, où il avait passé quelques années comme grand vicaire, il avait fait la connaissance du comte et de la comtesse de Maurepas, exilés de la cour par Louis XV, et il les avait souvent entretenus de son ami. La comtesse admirait le caractère de Turgot, et elle avait été séduite par ses idées. Aussi, quand son mari eut été fait premier ministre, insista-t-elle vivement auprès de lui pour qu'il fît entrer dans le ministère un homme dont le génie et la probité lui avaient inspiré une profonde estime.

La duchesse d'Enville appartenait de cœur et d'âme aux philosophes et aux économistes, qu'elle recevait dans son beau château de la Roche-Guyon. Elle était passionnée pour la liberté du commerce des blés et ne fut épargnée ni par les satires, ni par les chansons, ni même par les caricatures, sous lesquelles les gens de la cour et du Parlement ne cessaient d'accabler les nouveaux réformateurs. Elle appartenait à la famille des La Rochefoucauld, à laquelle le comte de Maurepas était très fier d'être allié. Elle lui recommanda Turgot avec beaucoup d'instances au moment même où la comtesse de Maurepas et Very le lui recommandaient également.

C'est ainsi que Turgot devint ministre, non pas peut-être appelé par l'opinion publique, comme on l'a dit, car il n'y avait pas à proprement parler d'opinion publique, ou du moins elle ne faisait que de naître, mais désigné par ses admirateurs et ses amis à un premier ministre tout-puissant.

Ce fut une grande joie dans le camp des économistes et des encyclopédistes, suivie pourtant d'un désappointement assez vif quand on apprit que, s'il était vrai que Turgot fût ministre, c'était à la marine et non pas aux finances qu'on l'avait placé.

« Ce choix a l'approbation générale, écrit Mercy

à Marie-Thérèse, non pas que l'on suppose à Turgot un grand talent pour la marine, mais on lui connaît un grand fond de probité et d'honnêteté. » Marie-Antoinette n'est pas mécontente et elle dit à sa mère que « Turgot a la réputation d'un très honnête homme ».

Le ministère de la marine n'était, d'ailleurs, qu'un passage. Un mois plus tard, le 24 août 1774, Turgot était nommé contrôleur général.

En remerciant le roi, Turgot fut très ému. Mlle de L'Espinasse raconte qu'il lui dit : « Ce n'est pas au roi que je me donne, c'est à l'honnête homme », et que le roi lui répondit en lui prenant les deux mains : « Vous ne serez pas trompé ».

L'abbé de Very fait de cette scène un récit analogue. Turgot était avec lui à Compiègne, où toute la cour était réunie, quand Maurepas vint lui annoncer son élévation au contrôle général. Il se rendit immédiatement chez le roi, et, en revenant, voici comment il raconta à Very l'entretien qu'il venait d'avoir avec Louis XVI : « Il faut, Sire, avait-il dit, que vous me donniez la permission de mettre par écrit mes vues générales et, j'ose dire, mes conditions, sur la manière dont vous devez me seconder dans cette administration des finances ; car, je vous avoue, elle me fait trembler par la connaissance superficielle que j'en ai. » — « Oui, oui, aurait répondu le roi, comme vous voudrez, mais je vous donne ma parole d'honneur d'avance — et il lui prit les mains en parlant — d'entrer dans toutes vos vues et de vous soutenir

toujours dans les partis courageux que vous aurez
à prendre. »

Le lendemain Turgot porta au roi son célèbre
programme. « Je me borne en ce moment, Sire, à
vous rappeler ces trois paroles : — Point de banqueroute, point d'augmentation d'impôts, point d'emprunts. Point de banqueroute, ni avouée, ni mas-
quée par des réductions forcées. — Point d'augmentation d'impôts ; la raison en est dans la situation de
vos peuples et encore plus dans le cœur de Votre
Majesté. — Point d'emprunts, parce que tout emprunt
diminue toujours le revenu libre ; il nécessite, au
bout de quelque temps, ou la banqueroute, ou l'augmentation des impositions. »

Pour exécuter ce programme, il ne proposait qu'un
moyen, c'était de réduire la dépense et d'en faire
descendre le montant au-dessous de la recette. Il sait
bien que tous ceux qui ont des dépenses à faire dans
les différents ministères soutiendront que toutes sont
indispensables, et il ne doute pas qu'ils ne le sou-
tiennent par de fort bonnes raisons ; mais il sait aussi
que toutes leurs raisons doivent céder à la nécessité
absolue de l'économie. Il représente avec force au
roi qu'on ne peut soulager le peuple que par la
réforme des abus, ce qui est difficile parce qu'il y
a beaucoup de gens intéressés à les maintenir, « car
il n'est point d'abus dont quelqu'un ne vive »....
« J'aurai à combattre, dit-il, contre la bonté naturelle,
contre la générosité de Votre Majesté et des personnes qui lui sont le plus chères.... Votre Majesté

se souviendra que c'est à elle, personnellement, à l'honnête homme, à l'homme juste et bon plutôt qu'au roi que je m'abandonne. »

Il est évident que Turgot craignait l'influence de la reine. J'ai lu la minute même de ce programme. Après avoir écrit ces mots : « contre la générosité de Votre Majesté », Turgot avait déjà tracé les mots « et de la » quand il s'est arrêté et a recouvert le « de la » par « des personnes », etc.

Le lendemain Turgot se mettait à l'œuvre. Nommé contrôleur général le 24 août 1774, il devait être renvoyé le 12 mai 1776, au bout de vingt mois et dix-huit jours. Sur ces vingt mois il n'a joui d'une bonne santé que pendant treize, et il a souffert de la goutte pendant les sept autres; mais la maladie n'a pas eu de prise sur son travail, et l'on peut affirmer que, pendant tout le temps qu'il a exercé les fonctions de contrôleur général, il n'a jamais cessé de poursuivre un seul instant l'exécution franche et honnête de ce que nous pouvons appeler son programme, pour employer une expression moderne, c'est-à-dire le rétablissement des finances, la lutte contre les abus, la destruction des privilèges, la délivrance du travail, du commerce et de l'industrie étouffés par les règlements et les monopoles, cherchant à réaliser ainsi sans violence, quinze ans avant la révolution de 1789, toutes les réformes conquises plus tard, au prix de tant d'efforts et de souffrances, dans l'ordre civil et économique.

Il était implacable pour les personnes qui défendaient les abus afin d'en vivre, toutes les fois qu'il les jugeait assez intelligentes pour se rendre compte de leurs actes; mais il était indulgent pour les ignorants, sauf à réprimer vigoureusement les désordres où leur ignorance pouvait les entraîner. Il ménageait d'ailleurs les droits acquis et prit toujours soin de faire liquider avec équité la valeur des offices dont il prononçait la suppression. Son arrivée au contrôle général avait effrayé les fermiers généraux. « On dit que les financiers meurent de peur, écrivait l'abbé Baudeau, ils ont tort; M. Turgot n'est pas assez étourdi pour culbuter sur-le-champ le bail des fermes, ni les autres arrangements financiers. »

Lors de la discussion qu'il eut en 1776 avec Miroménil sur la suppression des corvées, il rédigea des notes en réponse aux observations du garde des sceaux. On peut lire dans ces notes un passage bien digne d'être remarqué par ceux qui faisaient ou qui font encore de Turgot le chef d'une secte de fanatiques. « Je sais aussi bien que tout autre qu'il ne faut pas toujours faire le mieux qu'il est possible, et que, si l'on ne doit pas renoncer à corriger peu à peu les défauts d'une constitution ancienne, il ne faut travailler que lentement, à mesure que l'opinion publique et le cours des événements rendent le changement possible. »

Pour convaincre l'opinion publique et lui faire perdre des préjugés qu'il considérait comme fondés sur l'ignorance, il avait conçu le plan d'un conseil qui aurait formé une administration analogue à notre ministère de l'Instruction publique.

« Je crois ne pouvoir rien vous proposer, disait-il au roi, de plus avantageux pour votre peuple et de plus propre à maintenir la paix et le bon ordre, à donner de l'activité à tous les travaux utiles, à faire chérir votre autorité et à vous attacher de plus en plus le cœur de vos sujets, que de leur faire donner à tous une instruction qui manifeste bien les obligations qu'ils ont à la société et à votre pouvoir qui la protège, les devoirs que ces obligations leur imposent, l'intérêt qu'ils ont à remplir ces devoirs pour le bien public et pour le leur propre. Cette instruction morale et sociale exige des livres faits exprès au concours, un maître d'école dans chaque paroisse, qui les enseigne aux enfants, avec l'art d'écrire, de compter et de toiser.... L'éducation civique que ferait donner le conseil de l'instruction dans toute l'étendue du royaume, et les livres raisonnables qu'il ferait faire et qu'il obligerait tous les professeurs d'enseigner, contribueraient encore plus à former un peuple instruit et vertueux. »

Tout en se préoccupant de ruiner les préjugés dans l'avenir et de faire, comme il le disait, un peuple neuf, Turgot ne se donnait pas moins au présent et cherchait les moyens les plus prompts et les plus efficaces pour guérir la plaie invétérée du désordre financier, plaie élargie encore par l'administration malhonnête de l'abbé Terray.

A peine installé au contrôle général, il chargeait

ceux de ses collaborateurs dans lesquels il avait le plus de confiance de réunir les éléments de ce que nous appelons aujourd'hui le budget des recettes et des dépenses.

« Il ordonna, dit Dupont de Nemours, la rédaction d'un tableau méthodique et circonstancié qui contînt les plus grands détails sur chaque partie des recettes et des dépenses. » Ce tableau a été conservé.

Nous possédons également un état du même genre dressé par son prédécesseur quelques jours auparavant. L'abbé Terray, que Louis XVI avait maintenu au ministère pendant quelques mois, avait espéré qu'il pourrait y rester définitivement en accommodant sa politique au nouveau règne et en changeant de principes, puisque de nouveaux principes paraissaient être plus à la mode. Dans le mémoire et le tableau auquel nous faisons allusion, il rejetait sur d'Aiguillon et sur de Boynes, les ministres de la guerre et de la marine, la responsabilité du déficit et faisait un grand état des efforts auxquels il s'était livré pour réduire les dépenses par tous les moyens. Weber raconte que, dans les entretiens qu'il avait avec ses amis, l'abbé disait qu' « il était parvenu, à force d'injustices, de banqueroutes, de spoliations, à combler le déficit moins cinq millions. Il en avait laissé 57 au Trésor, outre 14 en réserve pour les besoins imprévus; les anticipations étaient réduites à 3 mois. Il avait fourni aux dépenses accoutumées, à des préparatifs de guerre, à la circonstance de trois mariages et à beaucoup d'autres frais extraordinaires qui devaient rester secrets. »

Les adversaires de Turgot ont mis en regard la situation du Trésor aux deux époques de la chute de Terray et de celle de Turgot, et ils ont prétendu que Turgot avait épuisé la réserve laissée par son prédécesseur. Linguet disait de Terray qu'il était un Sully, parce qu'il avait amassé un trésor de 56 millions. Turgot ne pouvait être comparé, selon lui, qu'aux successeurs de Sully, qui avaient gaspillé les millions entassés à la Bastille. Nous ne suivrons la discussion ni des défenseurs de Terray, ni de ceux de Turgot, car elle serait aujourd'hui oiseuse; la postérité a rendu son arrêt; elle a fait son choix entre le ministre sans scrupule de Louis XV et le ministre honnête homme de Louis XVI.

I

Un des premiers actes de Turgot avait été de révoquer le maître des requêtes Brochet de Saint-Prest, directeur de l'agence des blés. « Je suis contente, écrivait Mlle de L'Espinasse, de ce que M. Turgot a déjà renvoyé l'homme de l'affaire des blés. »

On se rappelle que l'abbé Terray en 1770, c'est-à-dire quatre ans auparavant, avait abrogé les dispositions libérales de la déclaration de 1763 et l'édit de 1764 sur le commerce des blés, et qu'il avait de nouveau soumis ce commerce à la rigueur des anciens règlements de police. Il avait flatté, par ce retour aux anciens usages, les préjugés du peuple et des parlements et satisfait les publicistes qui estimaient que la subsistance de la nation ne pouvait pas être abandonnée à ce qu'ils appelaient la libre cupidité des commerçants. Il avait trouvé d'ailleurs un secours précieux pour la défense de sa politique, dans le livre d'un homme de beaucoup d'esprit, ami particulier des gens de lettres et des encyclopédistes, mais dont les idées peu libérales en matière économique contrastaient singulièrement avec les opinions de la plupart de ses amis.

L'abbé Galiani, c'est de lui dont nous voulons parler, avait composé une suite de dialogues sur la liberté du commerce des grains, et, dans ces dialogues remplis de malice, d'esprit et d'exemples tirés de l'histoire de tous les pays, il avait affirmé que la politique, en ce qui regarde les grains, ne pouvait être qu'une politique de circonstance; qu'elle devait être différente selon les pays et, dans un même pays, selon qu'il s'agissait de l'intérieur des terres ou du bord de la mer.

L'abbé Terray n'avait pas dédaigné le secours que lui avait apporté l'abbé Galiani, mais il se souciait fort peu de ses raisonnements. Ce n'étaient, au fond, ni les cris du peuple, ni les vœux des parlements, ni les théories de Galiani qui devaient le décider à l'abrogation de l'édit de 1764. Il ne se rendait à aucun des arguments de ceux qui raisonnaient dans

son sens, de même qu'il avait négligé les avis que
Turgot lui avait envoyés du Limousin dans les sept
admirables lettres que nous avons analysées plus
haut.

Le but qu'il poursuivait n'était autre que l'établissement du monopole du commerce des blés, entre les
mains de ses serviteurs, de ses associés et peut-
être, comme on l'a dit souvent, des associés du roi
Louis XV. Il fallait réaliser, sinon l'arrangement
auquel on a donné le trop gros nom de Pacte de
famine, du moins le monopole de la spéculation sur
la denrée de première nécessité par excellence, le
pain du peuple.

On a beaucoup écrit sur le Pacte de famine; c'est
une affaire dont les bruits populaires ont considérablement grossi l'importance, mais il n'est pas douteux que les opérations sur les blés qui en ont été la
conséquence, n'aient été accompagnées de vols, de
dilapidations coupables, de spéculations honteuses
qu'on est en droit de dénoncer et de flétrir, quoiqu'aucun historien ait jamais pu en établir exactement le compte ni dresser la liste de ceux qui y
avaient fait fortune ou qui en avaient retiré quelque
avantage.

Un avocat homme d'affaires, nommé Leprévost
de Beaumont, avait eu connaissance d'un contrat
de société passé entre Malisset, ancien boulanger à
Paris, inventeur d'un procédé perfectionné pour la
mouture du blé, et un certain nombre de capitalistes.
Cette société avait pour objet d'exécuter un traité

conclu avec l'État pour soigner, entretenir et conserver les blés du Roi.

C'était en 1765, et la convention qu'il s'agissait d'exécuter prévoyait un approvisionnement permanent. Les blés, ou la farine qui en provenait, devaient être toujours maintenus en bon état de conservation, et pour qu'il en pût être ainsi, la Ferme des blés était autorisée à vendre les anciennes acquisitions et à les remplacer par de nouvelles, selon le mouvement des cours, ce qui excusait, autorisait, encourageait la spéculation. Leprévost de Beaumont vit dans ce contrat un pacte pour affamer le peuple — le Pacte de famine. — Il voulut le dénoncer, mais, surpris avant d'avoir pu en remettre au parlement de Rouen une copie qu'il avait préparée, il fut arrêté et mis à la Bastille, d'où il ne sortit que le 14 juillet 1789. C'est la Révolution qui le délivra. « Ce n'est point, disait-il, par des soupçons, des rapports, des conjectures ou de fausses relations que je dénonce cette horrible machination ; c'est d'après son pacte. » Et lorsque Laverdy, le contrôleur général qui avait signé cet acte en 1765, comparut le 3 brumaire an II devant le Tribunal révolutionnaire, Leprévost vint joindre spontanément son accusation à celle de Fouquier-Tinville. Cependant tous ceux qui avaient fait partie de cette société, qui avaient concouru à ce prétendu Pacte de famine, et auxquels Leprévost de Beaumont reprochait d'avoir gagné, comme il le disait, « des dizaines de millions par centaines », étaient successivement morts ruinés ou insolvables, et Malisset lui-même, l'agent général de la compagnie, qui vivait encore en 1791, végétait sans ressources et comme en état de démence.

Les accusations de Leprévost de Beaumont étaient évidemment exagérées. Il est possible que la compagnie des blés ait donné des parts d'intérêts sur ses bénéfices à des personnages influents, aux favoris et aux favorites du roi, peut-être au roi lui-même; on a bien trouvé la preuve que tel était le cas pour les croupes de la ferme générale. Il est non moins clair que certains agents de la société ont spéculé pour leur compte et que quelques commis se sont livrés à des dilapidations et à des vols dont le produit a été gaspillé par eux et leur a servi à entretenir un luxe insolent et peu justifié par leur fortune patrimoniale. Mais on n'a jamais pu retrouver la trace des dizaines de centaines de millions, c'est-à-dire des milliards, qui, au dire de Leprévost de Beaumont, auraient été prélevés par les complices de Malisset sur le peuple si misérable des dernières années du règne de Louis XV.

A la suite des dénonciations de Leprévost de Beaumont, soit qu'on ait craint qu'elles ne devinssent publiques, soit qu'on ait eu d'autres raisons d'intérêt public ou privé, le bail Malisset avait été résilié par l'abbé Terray lui-même. Une combinaison nouvelle, celle de la régie intéressée, avait été imaginée à la place. Cette régie devait poursuivre le même but que la ferme précédente, c'est-à-dire que son objet était de veiller à la distribution du blé de telle sorte que les provinces les mieux fournies dussent reverser leur trop-plein sur celles qui l'étaient moins. « Une commission avait été formée, disent les mémoires sur Terray, pour connaître l'affaire des blés. Elle avait sous elle deux directeurs ou agents généraux faits pour les achats et les transports (Sorin de Bonne et Doumerc); en sorte qu'il semblait que tous les abus, en cette partie, auraient dû être incessamment réprimés. Mais les conseillers d'État se plaignaient qu'on ne les consultait pas, qu'on ne leur communiquait rien, et en effet l'abbé Terray leur avait toujours apporté la besogne toute mâchée. Ce qui avait rendu cette conduite plus suspecte, c'est que Brochet de Saint-Prest, son âme damnée, extrêmement gueux à son entrée au Conseil, affichait, depuis qu'il était de ce bureau, une opulence et un luxe étonnants; d'où l'on présumait que ces MM. Terray et Brochet, bien loin de remédier au monopole, le favorisaient et l'exerçaient par leurs suppôts puissamment riches aussi. »

Un mois après la destitution de Brochet de Saint-Prest, le 17 septembre 1774, deux pêcheurs trouvaient dans la Seine, aux environs de Suresnes, sous une grosse pierre, une liasse de papiers concernant la régie des blés. Albert, l'économiste, l'intendant du commerce, l'ami de Turgot, qui avait été nommé à la place de Brochet, reçut la liasse trouvée par les pêcheurs. Il fit immédiatement apposer les scellés sur les papiers de Sorin et Doumerc et les fit mettre eux-mêmes tous deux à la Bastille. On trouva des preuves accablantes contre Brochet et sa femme, qui avaient emprunté des sommes importantes à la caisse de la régie, mais les écritures des régisseurs parurent bien tenues. On aperçut bien la trace de quelques détournements, sur lesquels le contrôleur général, c'est-à-dire Terray, avait sans doute fermé les yeux, mais il ne sortit de l'enquête rien qui pût justifier une poursuite criminelle. Albert fit mettre en liberté les deux régisseurs en déclarant qu'il y avait simplement lieu à un règlement de compte à porter devant les tribunaux ordinaires et compétents. Quant aux bénéfices irréguliers réalisés dans des spéculations privées, ils devaient échapper aux recherches : il fut impossible de s'en rendre compte. Après tant de scandales, de rumeurs et de bruits, il n'y avait qu'un parti à prendre : c'était de revenir à la liberté du commerce des blés et à dissoudre toutes ces compagnies, toutes ces régies, qui, « fussent-elles composées d'anges », comme avait dit Turgot en 1770, ne pouvaient échapper aux soupçons et à la colère du peuple. Le contrôleur général prit donc la résolution d'abroger la législation improvisée par Terray en 1770, et il fit bien. Il revint à la liberté, encore très restreinte d'ailleurs, de la déclaration de 1763 et de l'édit de 1764 dont le contrôleur général Bertin, collègue de Turgot dans le ministère de 1774, avait pris autrefois l'initiative.

L'arrêt sur la liberté du commerce des blés fut signé au conseil des finances du 13 septembre 1774; mais il ne fut publié que le 20 du même mois.

Dès le 7 septembre, Baudeau annonçait dans son journal que « la déclaration du 25 mai 1763 sur la liberté du commerce intérieur va être rétablie par un arrêt du conseil qui passe l'éponge sur tous les barbouillages de l'abbé Terray » ; mais le 18 il ignorait encore que la décision eût été prise et il disait : « Il y a de beaux bruits contradictoires sur le futur arrêt du conseil, concernant le commerce des grains. Les uns disent que c'est la confirmation des anciens principes ou tout au plus le changement d'une compagnie pour une autre. Les approvisionneurs Sorin et Doumerc se vantent de continuer leurs tripotages. »

La vérité est que, dans la semaine qui avait suivi la proposition de Turgot, il y avait eu discussion au conseil. Bertin, qui avait, étant contrôleur général, fait rendre la déclaration libérale de 1763 et l'édit de 1764, était alors ministre de l'agriculture, et, tout en partageant les opinions de Turgot, il craignait de heurter trop violemment les préjugés populaires. Il était convaincu que dans la question des grains il n'y avait qu'une seule méthode que l'expérience eût consacrée, « avancer à pas lents et successifs ». En septembre 1774, probablement entre le 13 et le 20, après la première communication du projet d'arrêt au conseil des finances, et avant qu'on y eût donné de la publicité, il écrivait à Turgot : « Les pièces que vous m'avez adressées, faisant renaître mes espérances et pour le bien général, et pour celui de mon département, ont renouvelé tous mes regrets sur le passé…. Je vous exhorte à mettre dans votre marche toute la lenteur de la prudence. J'irai jusqu'à vous inviter, si cela vous était possible comme à moi, et si vous n'aviez pas depuis long-temps pris couleur, à masquer vos vues et votre opinion vis-à-vis de l'enfant que vous avez à gou-verner et à guérir. Vous ne pouvez pas vous empê-cher de jouer le rôle du dentiste. »

Bertin ne fut pas seul à lui conseiller la prudence. Il y en eut d'autres qui vinrent le trouver, et vou-lurent le détourner de son but. Ils étaient sans doute moins dévoués à sa personne; c'est peut-être la raison pour laquelle Turgot les repoussa avec une certaine hauteur. Necker, qui venait d'être couronné par l'Académie française pour son éloge de Colbert, lui demanda une audience pour lui exposer ses vues sur la question des blés. Voici ce que raconte à ce propos Morellet dans ses mémoires : « M. Turgot répondit un peu sèchement à l'auteur, parlant à sa personne, qu'il pouvait imprimer ce qu'il voulait, qu'on ne crai-gnait rien, que le public jugerait, refusant d'ailleurs la communication de l'ouvrage; le tout avec cette tournure dédaigneuse qu'il avait trop souvent en combattant les idées contraires aux siennes; et ce que je rapporte là je ne le tiens point d'un autre, car je l'ai vu de mes yeux, entendu de mes oreilles; j'étais alors chez M. Turgot. M. Necker y vint avec son cahier, j'entendis les réponses que l'on fit à ses offres et je le vis s'en allant avec l'air d'un homme blessé sans être abattu. » C'est bien le ministre

dont Mme de Boufflers disait : « Il est d'un froid à
glacer ».

Necker fit imprimer son livre et le mit en vente
à l'époque des troubles ; il en fit remettre un exemplaire à Turgot, qui lui en accusa réception par ce
billet laconique et sanglant daté du 23 avril 1775 :

« J'ai reçu, Monsieur, l'exemplaire de votre ouvrage que vous avez fait mettre à ma porte ; je vous
remercie de cette attention. Si j'avais eu à écrire
sur cette matière et que j'eusse cru devoir défendre
l'opinion que vous embrassez, j'aurais attendu un
moment plus paisible où la question n'eût intéressé
que les personnes en état de juger sans passion.
Mais, sur ce point comme sur d'autres, chacun a sa
façon de penser. Je suis très parfaitement, Monsieur, etc. »

La réponse de Necker ne se fit pas attendre. Il
fonde assez humblement sa justification sur la date
même de l'autorisation d'imprimer, date antérieure
non seulement aux troubles, mais même à toute élévation dans le prix du blé.

« Alors, dit-il, il n'y avait pas la moindre cherté
nulle part. Si celle qui est survenue depuis, dans
quelques endroits, vous avait paru, Monsieur, ou à
M. le garde des sceaux, un motif de suspendre la
publication de cet ouvrage, et que vous me l'eussiez
fait connaître, j'aurais eu pour vos volontés une res-
pectueuse déférence.... Il est assez fâcheux pour
moi de différer de votre façon de penser sur quelques objets de l'économie politique ; je ne voudrais

pas que vous me trouvassiez d'autre tort. Votre opinion à cet égard me serait vraiment sensible. »

Le livre de Necker eut un succès immense. Il s'en fit successivement un grand nombre d'éditions. Les adversaires de Turgot, les parlementaires, les administrateurs de l'école de Colbert, le portèrent aux nues. Les partisans du système protecteur en ont fait et peuvent en faire encore aujourd'hui leur manuel, et d'ailleurs ils n'y manquent pas, puisant, dans le livre sur la législation et le commerce des grains, des arguments dont la valeur augmente en raison de l'honnêteté de celui qui les leur a fournis. Il existe cependant une autre école, qui se rattache aux doctrines de certains adversaires de Turgot, et professe pour le livre de Necker une admiration non moins passionnée : c'est l'école socialiste de l'organisation du travail. « Alors Necker prit la plume, écrit Louis Blanc dans son *Histoire de la Révolution française*, et d'un sujet que Galiani semblait avoir épuisé, il fit sortir un livre puissant, un livre où régnaient d'un bout à l'autre une grave éloquence, une émotion contenue et dont certaines pages eussent pu être également avouées par un homme d'État et par un poète. Ne cherchant dans la question des grains qu'une occasion de combattre, au profit du peuple, le système de l'individualisme, et remontant aux principes constitutifs des sociétés, Necker les soumettait à un examen aussi élevé qu'audacieux. »

M. de Molinari, dans l'édition qu'il a donnée de la Législation sur le commerce des grains, en porte

un jugement bien contraire, jugement qu'on peut
trouver sévère, mais dont les libéraux ne peuvent
pas dire qu'il soit injuste. Il trouve dans ce livre
« beaucoup d'ordre et de méthode, une certaine
chaleur dans le style, mais une absence complète
de principes, une ignorance puérile des faits. Toujours l'auteur procède par des hypothèses, et, le
plus souvent, ses hypothèses sont fausses. Plus
qu'aucun autre, le livre de M. Necker a contribué
à égarer l'opinion sur l'importante question des subsistances. »

L'arrêt du mardi 13 septembre 1774, soumis de
nouveau au Conseil du mardi suivant 20 septembre,
fut enfin livré à la publicité. Ce fut une joie profonde
pour tous les amis du ministre. Ce qui les frappa
tout d'abord et réunit, on peut le dire, l'approbation
de tous les hommes d'un esprit élevé, ce fut le
soin pris par Turgot pour expliquer dans un préambule étendu les raisons du changement apporté par
le nouvel arrêt à la législation en vigueur. Discuter
devant le public était une nouveauté; Turgot est
ainsi l'inventeur de cet usage, généralement pratiqué depuis lors dans les gouvernements libres, de
faire précéder les projets de lois de ce que nous
appelons aujourd'hui des « exposés de motifs ».

Mlle de L'Espinasse écrit à M. de Guibert : « Il
paraîtra d'ici à peu de jours un édit sur le commerce
des blés, il sera *motivé*, cette forme est nouvelle ».
Condorcet dit de son côté : « Il donna l'exemple
utile de rendre au public un compte détaillé et rai-

sonné des principes d'après lesquels les lois étaient
rédigées ». La Harpe écrit : « Il est le premier
parmi nous qui ait changé les actes de l'autorité
souveraine en ouvrage de raisonnement et de persuasion ». Voltaire ne marchande pas non plus ses
éloges pour la nouveauté de la forme : « On n'avait
point encore, dit-il, eu d'édits dans lesquels le souverain daignât enseigner son peuple, raisonner avec
lui, l'instruire de ses intérêts, le persuader avant
de lui commander ; la substance de presque tous
les ordres émanés du trône était contenue dans ces
mots : car tel est notre bon plaisir ».

Le préambule de l'arrêt du 13 septembre est
en effet une véritable discussion de principe dans
laquelle Turgot s'efforce de prouver, et y réussit,
que la liberté du commerce des grains assure plus
complètement, et dans de meilleures conditions que
les règlements de police, l'approvisionnement des
nations.

C'est en quelque sorte une nouvelle exposition des
doctrines si bien défendues quelques années auparavant dans les sept lettres sur les grains adressées
à l'abbé Terray, dont nous avons donné l'analyse.

« Plus le commerce est libre, animé, étendu, est-il
dit dans cet admirable exposé, plus le peuple est
promptement, efficacement et abondamment pourvu.
Les prix sont d'autant plus uniformes ; ils s'éloignent
d'autant moins du prix moyen et habituel sur lequel
les salaires se règlent nécessairement. Les approvisionnements faits par les soins du gouvernement ne

peuvent avoir les mêmes succès... Son attention, partagée entre trop d'objets, ne peut être aussi active
que celle des négociants, occupés de leur seul commerce. Il connaît plus tard, il connaît moins exactement, et les besoins et les ressources. Les agents
qu'il emploie, n'ayant aucun intérêt à l'économie,
achètent plus chèrement, transportent à plus grands
frais, conservent avec moins de précautions. Il se
perd et il se gâte beaucoup de grains. Ces agents
peuvent par défaut d'habileté, ou même par infidé-
lité, grossir à l'excès la dépense de leurs opérations.
Ils peuvent se permettre des manœuvres coupables
à l'insu du gouvernement. Lors même qu'ils en sont
le plus innocents, ils ne peuvent éviter d'en être
soupçonnés, et le soupçon rejaillit toujours sur l'administration qui les emploie et qui devient odieuse
au peuple par les soins mêmes qu'elle prend pour le
secourir. »

« Aucun ministre, dit la correspondance Metra,
sans en excepter les Sully, les Colbert, les d'Ar-
genson, n'a fait parler à nos maîtres un langage plus
noble et plus doux. »

Baudeau écrit dans son journal : « Il est reçu par
le public avec beaucoup d'applaudissements. Les
ennemis du bon Turgot sont un peu sots de la tournure de cet arrêt et de la sagesse des principes
qu'il explique de la manière la plus claire. »

Voltaire écrit à D'Alembert : « Je viens de lire le
chef-d'œuvre de M. Turgot. Il me semble que voilà
de nouveaux cieux et une nouvelle terre. »

Malheureusement les circonstances devinrent de plus en plus difficiles. Les récoltes avaient été médiocres en 1774 et s'annonçaient comme à peu près nulles pour 1775. Bachaumont disait dans ses *Mémoires secrets* : « M. le contrôleur général, persistant toujours dans son système sur la liberté du commerce des grains, ne s'émeut point de la cherté qui s'élève de toutes parts. Il assure qu'elle ne sera pas plus forte qu'elle ne l'était du temps du monopole, mais que cette calamité n'aura qu'un temps et que les accapareurs, punis de leur cupidité, perdront pour toujours le désir de garder leurs blés. »

Le 18 avril 1775 une bande de paysans envahit Dijon, saccageant les maisons, pillant les moulins, et faisant des perquisitions partout où l'on soupçonnait qu'il existât des approvisionnements de blé. Le gouverneur fut menacé de mort et on l'accusa d'avoir dit : « Mes amis, l'herbe commence à pousser, allez la brouter ». L'évêque sortit dans la rue et harangua les paysans ; il les décida enfin à quitter la ville. On s'est beaucoup demandé, à l'époque de cette échauffourée et même depuis, quelle avait été la cause d'un mouvement si subit et sitôt réprimé. Fallait-il y voir une simple émotion populaire, telle qu'il s'en produit quelquefois quand les populations souffrent? Il est certain que ceux qui prirent part à l'émeute de Dijon n'avaient point lu l'exposé des motifs de Turgot et qu'ils n'entendaient rien à sa discussion grave et élevée sur les principes de la liberté du commerce ; ce n'est donc pas le mécontentement pro-

voqué par la lecture de l'édit et de son préambule
qui les a soulevés. On raconte que, communiquant à
un de ses amis le préambule dont nous avons parlé,
Turgot lui avait dit en riant : « On le trouvera diffus
et plat; voici mon motif : j'ai voulu le rendre si clair
que chaque juge de village pût le faire comprendre
aux paysans; c'est une matière sur laquelle l'opinion
populaire peut beaucoup ». L'opinion populaire pouvait en effet beaucoup pour le mal, mais les juges du
village n'avaient pas encore pu la disposer pour le
bien, en faisant aux paysans la leçon dont avait parlé
Turgot; ils étaient loin d'avoir dissipé des préjugés
qui persistent quelquefois pendant plusieurs siècles
après que tous les hommes éclairés sont parvenus à
s'en défaire.

Il est toujours facile d'expliquer un mouvement
populaire par un complot, de même qu'il est aisé d'attribuer tous les phénomènes de la nature, chaque
fois qu'ils se produisent, à l'intervention spéciale
d'une puissance supérieure et occulte. C'est une très
courte vue qui le plus souvent fait juger ainsi, et il
ne faut pas se payer trop facilement des explications
de ce genre. Cependant il se produisit à Dijon, comme
plus tard à Pontoise, à Versailles et à Paris, des faits
dont il est difficile de se rendre compte si on ne suppose pas l'action d'un groupe directeur et de chefs
plus ou moins masqués, chargés d'exciter les colères
et de diriger les coups de l'émeute.

« Le premier point de mon sermon, écrit Voltaire
à Condorcet, est l'abominable superstition popu-

laire qui s'élève contre la liberté du commerce des blés et contre la liberté de tout commerce. Vous voyez les horreurs qu'on vient de commettre à Dijon. Dieu veuille que les fétiches n'aient pas excité sous main cette petite Saint-Barthélemy. » Et dans une autre lettre, écrite un mois plus tard et adressée à Mme de Saint-Julien : « Si vous aviez été à Dijon, vous auriez prévenu l'émeute criminelle qui a été excitée sous main par les ennemis de M. Turgot. »

Turgot répondit à l'émeute de Dijon non pas en faisant une concession au parti des règlements, mais, ce qui était plus conforme à ses vues, en donnant de nouveaux gages à la liberté du commerce, à Dijon même, ainsi qu'à Beaune, à Saint-Jean-de-Losne et à Montbard. Il essaya de combattre la cherté par les diminutions d'impôt. « Le Roi », dit-il dans un arrêt du Conseil du 22 avril 1775, rendu par conséquent quatre jours après l'insurrection, c'est-à-dire au moment même où il en était informé à Paris, « occupé des moyens d'empêcher que les grains nécessaires à la subsistance de ses peuples ne s'élèvent au-dessus du prix juste et naturel qu'ils doivent avoir, suivant la variété des saisons et l'état des récoltes, a établi, par son arrêt du 13 septembre 1774 et par les lettres patentes du 2 novembre dernier, la liberté du commerce, qui, seule, peut par son activité procurer des grains dans les cantons où se feraient sentir les besoins, et prévenir par la concurrence tout renchérissement excessif.... En conséquence, la perception de tous droits sur les grains et farines, tant à l'entrée de la ville que sur les marchés, soit à titre d'octroi, ou sous la dénomination de minage, aunage, hallage, et autres quelconques, sont suspendus dans les villes de Dijon, Saint-Jean-de-Losne et Montbard. »

Cependant la hausse du prix des blés persistait, et tous ceux qui avaient souffert dans leurs intérêts de la destruction du monopole ne cessaient d'accuser le contrôleur général d'assister avec indifférence aux souffrances du peuple. Turgot était bien éloigné cependant de cette indifférence, et, comme autrefois dans son intendance de Limoges, il cherchait les moyens de soulager par des ateliers de charité ceux qui n'avaient pas de quoi subvenir à leurs besoins.

Il faisait distribuer aux curés de Paris un mémoire sur les moyens de procurer, par une augmentation de travail, des ressources au peuple de Paris, dans le cas d'une hausse nouvelle du prix des denrées; il adressait à tous les intendants de province des instructions pour l'établissement et la régie d'ateliers de charité dans les campagnes. Ces deux actes portent la date des 1er et 2 mai 1775. Le jour même où parurent ces mémoires, la guerre des farines éclata.

II

Des bandes s'étaient formées dans les campagnes; elles apparurent d'abord à Pontoise, non loin des domaines du prince de Conti, pillant, brûlant les maisons, demandant du pain et détruisant les blés; excitant les populations à saisir les bateaux de blé, comme à Méry-sur-Oise, et à s'en partager le contenu; et pénétrant dans les villes pour désorganiser les marchés. Le chevalier Turgot, frère du ministre, racontant plus tard à Soulavie les événements du mois de mai 1775, lui disait que « les pillards paraissaient avoir sur eux de l'or et de l'argent et que leurs mouvements étaient dirigés comme une opération insurrectionnelle et dans les meilleurs principes de l'art militaire, sans doute sous la conduite d'un général expérimenté ».

Le 2 mai 1775, les bandes se présentèrent à Versailles, elles pénétrèrent jusqu'au château, remplirent les cours, demandant à grands cris du pain. Turgot était à Paris, où il avait été conférer avec le lieutenant de police et avec le maréchal de Biron. Le roi parut au balcon, voulut parler et ne fut point écouté. On répandit le bruit qu'il avait cédé aux instances de ceux qui l'entouraient et qu'il avait promis de faire taxer le pain à deux sous; la correspondance du roi avec Turgot, conservée dans les archives de Lantheuil par M. le marquis Turgot, donne à cette opinion un démenti éclatant. Dans la journée du 2 mai 1775, le roi écrivit en effet de sa main deux lettres à Turgot : la première est datée de onze heures du matin; la seconde de deux heures de l'après-midi. Voici le texte de ces deux lettres :

« 2 mai 1775, 11 heures du matin.

« Je viens de recevoir, Monsieur, votre lettre par M. de Beauveau. Versailles est attaqué et ce sont les mêmes gens de Saint-Germain. Je vais me concerter avec M. le maréchal du Muy et M. d'Affry pour ce que nous allons faire; vous pouvez compter sur ma fermeté; je viens de faire marcher la garde au marché. Je suis très content des précautions que vous avez prises pour Paris; c'était pour là que je craignais le plus; vous pouvez marquer à M. Bertier que je suis content de sa conduite; vous ferez bien de faire arrester les personnes dont vous me parlez, mais surtout, quand on les tiendra, point de précipitation et beaucoup de questions. Je viens de donner les ordres pour ce qu'il y a à faire ici et pour les marchés et moulins des environs. — LOUIS. »

Trois heures plus tard, nouvelle lettre.

« A 2 heures ce mardi 2 mai.

« Je viens de voir M. Bertier, Monsieur; j'ai été très content de tous les arrangements qu'il a pris pour l'Oise et la Basse-Seine; il m'a rendu compte de ce qui s'était passé à Gonesse et des encouragements qu'il avait donnés aux laboureurs et commerçants de grains pour ne pas interrompre le commerce; j'ai envoyé ordre à la compagnie Noailles à Beauvais de se concerter avec lui s'il en avait besoin; il vient de partir pour Mantes, où il trouvera les chevaux-légers et les gendarmes à Meulan, qui ont ordre de se concerter avec lui; il aura de plus de l'infanterie dans ces deux villes. Les mousquetaires ont ordre de se tenir prêts à Paris, selon ce que vous en aurez besoin; les Noirs au faubourg Saint-Antoine peuvent envoyer des détachements sur la Marne, et les Gris, au faubourg Saint-Germain, le long de la basse Seine, M. l'Intendant m'a dit qu'il ne craignait pas pour la haute Seine et pour la Marne, par où il ne vient pas de farine; pourtant nous les garnirons. Le colonel général se portera à Montereau et à Melun, et Lorraine à Meaux. Pour d'ici nous sommes absolument tranquilles; l'émeute commençait à être assez vive; les troupes qui y ont été les ont apaisés; ils se sont tenus tranquilles devant eux. M. de Beauveau qui y a été, les a interrogés; les uns ont répondu qu'ils étaient de Sartrouville, de Carrières-Saint-Denis, et les autres ont dit qu'ils étaient de plus de vingt villages; la généralité disaient qu'ils n'avaient pas de pain, qu'ils étaient venus pour en avoir, et montraient du pain d'orge fort mauvais, qu'ils disaient avoir acheté deux sols, et qu'on ne voulait leur donner que celui-là; la plus grande faute qu'il y ait eu, c'est que le marché n'avait pas été ouvert; on l'a fait ouvrir et tout s'est fort bien passé. On a acheté et vendu comme si de rien n'était. Ils sont partis après et des détachements des gardes du corps ont marché après eux, pour savoir la route qu'ils tenaient. Je ne crois pas que la perte ait été

considérable. J'ai fait garnir la route de Chartres
et celles des moulins des vallées d'Orsay et de Che-
vreuse, avec des précautions pour les marchés de
Neauphle et de Rambouillet. J'espère que toutes les
communications seront libres et que le commerce
ira son train. J'ai recommandé à M. l'Intendant de
tâcher de trouver ceux qui payaient, que je regarde
comme la meilleure capture.

« Je ne sors pas aujourd'hui, non pas par peur,
mais pour laisser tranquilliser tout.

« M. de Beauveau m'interrompt pour me dire une
sotte manœuvre qu'on a faite, qui est de leur laisser
le pain à 2 sols. Il prétend qu'il n'y a pas de milieu
entre leur laisser comme cela, ou les forcer à coups
de bayonnette à le prendre au tost où il est. Ce
marché-ci est fini, mais pour la première fois, il faut
prendre les plus grandes précautions pour qu'ils ne
reviennent pas faire la loi ; mandez-moi quelles elles
pourraient être, car cela est très embarrassant. —
Louis. »

Turgot revint dans la soirée à Versailles, fit
annuler immédiatement l'ordre de M. de Beauveau
et défendit d'exiger des marchands ou des boulangers du blé ou du pain au-dessous du cours.

Le lendemain 3 mai, les bandes entrèrent dans
Paris et se mirent à piller ; « il y avait des rues où
on se fût cru dans une ville prise d'assaut ». La
police fut molle ; elle laissa faire ; on prétend même
qu'elle força plusieurs boulangers à ouvrir leurs bou-

tiques et que les mutins purent enlever le pain sans payer. Turgot, qui voyageait sans cesse de Versailles à Paris et de Paris à Versailles, demanda au Conseil de se réunir dans la nuit du 3 au 4 mai 1775. Il parla avec la plus grande énergie contre Lenoir, le lieutenant de police, qui n'avait rien fait pour la répression du désordre; il obtint sa destitution et fit immédiatement nommer à sa place son ami Albert. Le commandant du guet à pied et à cheval fut également destitué, et le maréchal de Biron organisa la résistance comme une véritable guerre. Deux armées furent formées sur l'heure : l'une pour l'intérieur de Paris, sous les ordres de Biron; l'autre pour l'extérieur, sous les ordres d'un de ses lieutenants. Le 4, les émeutiers essayèrent de recommencer le pillage; mais l'attitude des troupes leur en imposa. Les pillards se retirèrent, et les Parisiens sortirent de chez eux pour chercher l'émeute, comme ils disaient, et ne la trouvèrent plus.

Pendant la journée, le Parlement s'était assemblé et avait fait afficher un arrêt par lequel il interdisait les attroupements, mais il ajoutait que le roi serait supplié de diminuer le prix du pain. Turgot arrêta immédiatement la distribution de cet arrêt et fit couvrir les affiches du Parlement de placards interdisant au nom du roi les attroupements sous peine de mort. Il fit rendre en même temps un édit pour attribuer à la Tournelle le jugement des séditieux. Le Parlement se réunit une seconde fois pour répliquer. Il prétendit que l'édit d'attribution à la

Tournelle du jugement des troubles portait atteinte aux attributions « de grande police » qu'il avait eues de tout temps. Il rendit un nouvel arrêt pour revendiquer l'instruction de l'affaire et pour supplier encore le roi de faire baisser le prix du pain. Turgot fit mander aussitôt le Parlement à Versailles pour recevoir les ordres du roi en lit de justice.

La séance eut lieu le 5 au matin. Comme Turgot n'y assistait pas, le roi lui fit savoir, par un billet daté de 6 heures du soir, que tout s'était passé avec calme et que les conseillers « avaient beaucoup rabaissé leur impertinence ». « La mémoire a pensé me manquer au premier discours, écrit le roi, mais j'ai suppléé comme j'ai pu sans me déconcerter. » Dans ce lit de justice, l'arrêt de la veille fut cassé; le jugement des séditieux fut attribué aux prévôts de la maréchaussée.

La commission prévôtale, immédiatement assemblée, fit pendre deux pauvres gens, qui montèrent à l'échafaud en s'écriant qu'ils mouraient pour le peuple. Il y eut quelques engagements dans la campagne, et vingt-trois paysans furent tués, dit-on, dans une lutte qui eut lieu sur le chemin de Versailles.

En même temps et pour rassurer les marchands de blé, Turgot leur faisait rembourser la valeur des marchandises qui leur avaient été enlevées. Les communes durent payer les dommages causés par l'émeute. Un ami du marquis de Mirabeau, nommé de Butré, écrivit à Turgot pour lui demander d'être exosnéré de la taxe mise sur sa terre à la suite de émeutes; Turgot lui répondit : « A l'égard de la taxé à laquelle vous êtes imposé pour réparation de dommages causés sur les blés, je conviens qu'elle est désagréable pour vous comme pour bien d'autres, qui n'ont sûrement pas eu part aux émeutes; mais vous sentez que, si la répartition générale de ces sortes de dédommagements est un mal pour les particuliers innocents sur qui elle tombe, elle est néanmoins indispensable pour établir la confiance des commerçants contre les mouvements populaires et pour intéresser la totalité du pays à les prévenir et s'y opposer ».

Ce fut une grande victoire pour Turgot. Le roi l'avait soutenu avec fermeté. « Vous avez bien raison, lui écrivait Louis XVI le 6 mai, que tout ceci coûtera beaucoup d'argent et nécessitera de grands retranchements; mais, un peu plus ou un peu moins, il en fallait toujours venir là, et, comme d'un mal on gagne quelquefois un bien, on aura vu de ceci que je ne suis pas si faible qu'on croyait et que je saurai exécuter ce que j'aurai résolu, ce qui nous facilitera les opérations qu'il faudra faire; le vrai est que je suis plus embarrassé avec un homme qu'avec cinquante. »

Turgot était donc à ce moment en possession de l'entière confiance du roi; il avait triomphé non seulement de l'émeute, mais aussi de l'opposition du Parlement, de l'esprit de Fronde des Parisiens, de l'indifférence affectée de ses collègues. Les Parisiens avaient prétendu qu'ils avaient cherché l'émeute et

qu'ils ne l'avaient pas trouvée. Ils la chansonnèrent
quand tout fut terminé ; les femmes se faisaient faire
des bonnets à la révolte, et pour se moquer on donna
à ce mouvement populaire le nom de guerre des
Farines. Tout le monde crut à un complot. Turgot le
fait dire expressément au roi dans ses instructions
et ses arrêts. « Le brigandage, dit-il, a été excité
par des hommes étrangers aux paroisses qu'ils
venaient dévaster…. Il semble que le but de ce complot ait été de produire une véritable famine dans les
provinces qui environnent Paris et dans Paris même,
pour porter les peuples par le besoin et le désespoir
aux derniers excès. » (Instructions envoyées par
ordre de Sa Majesté à tous les curés de son royaume ;
9 mai 1775.) Louis XVI, écrivant au roi de Suède le
15 juillet suivant, lui disait : « La mauvaise récolte
et le mauvais esprit de quelques personnes dont les
manœuvres étaient concertées, ont porté des scélé-
rats à venir piller quelques marchés ». Marie-Thérèse,
répondant à Marie-Antoinette, lui dit : « Je crois
comme vous qu'il y a quelque chose là-dessous ».
Un grand nombre de personnages furent accusés
d'avoir eu part à ce complot. On disait que c'était de
Sartine ; Turgot croyait que Conti en avait été l'in-
stigateur. « Je n'oserais pas dire que ce fut sans
raison », écrit Marmontel dans ses Mémoires.

L'espoir des instigateurs du mouvement fut toutefois bien déçu, car Turgot ne fut jamais plus puissant auprès du roi que pendant les jours qui suivi-
rent la répression de l'émeute. L'appui que lui donna

Malesherbes dans ses remontrances du 21 mai 1775
et l'entrée de ce grand homme de bien au ministère,
le 6 juillet 1775, consacrèrent son triomphe. La
reine elle-même, qui était le plus sûr appui du parti
Choiseul, parut désarmée, pour un temps, hélas!
trop court.

III

Mais il nous faut retourner en arrière. Afin de ne
pas interrompre le récit de l'affaire des blés, depuis
le rétablissement de la liberté du commerce, le
13 septembre 1774, jusqu'à la guerre des Farines, du
2 au 6 mai 1775, nous avons laissé de côté, pour y
revenir plus tard, le plus grand événement du commencement du règne : le rappel du Parlement.

Le coup d'État Maupeou, comme on disait alors,
avait produit en 1771, quand il avait été accom-
pli, une sensation profonde, qui durait encore, avec
la même intensité qu'au premier jour, à l'avène-
ment du roi Louis XVI. La suppression des parlements et les violences cruelles qui avaient été exercées contre leurs membres, avaient soulevé une
opposition de sentiment qui nourrissait et accrois-
sait encore la formidable opposition d'intérêt excitée
dans la magistrature par un changement aussi radi-
cal que celui que Maupeou avait préparé.

Le nouveau règne était vivement sollicité de revenir à l'ancienne organisation de la justice. Maupeou

n'avait d'ailleurs pas pu éviter un écueil sur lequel viennent le plus souvent échouer les révolutions où la question du personnel joue un grand rôle. Les remplacements, faits avec précipitation, laissaient beaucoup à désirer ; les nouveaux juges avaient moins de valeur que les anciens. Ces juges « postiches », comme on les appelait, manquaient, non sans raison, de considération. Une sorte d'opinion publique paraissait donc imposer au gouvernement, même en dehors du monde des intéressés, le renvoi des nouveaux juges et le retour des anciens. Il ne faut pas s'y tromper, cependant. La destruction des anciens parlements et l'organisation d'une magistrature qui n'aurait pas eu d'autre attribution que de rendre la justice, sans se mêler d'administration ni de politique, étaient la condition préalable des réformes civiles, économiques et politiques qui auraient pu prévenir les violences de la fin du siècle et permettre à la révolution française d'accomplir son œuvre, en faisant succéder, petit à petit, les principes du gouvernement moderne à ceux de l'ancien régime. M. de Larcy, dans l'article qu'il a consacré à Louis XVI et à Turgot dans *le Correspondant* du mois d'août 1868, considère le rappel des parlements comme le premier pas fait dans le sens d'une politique qui ne pouvait, selon lui, aboutir qu'à un péril.

Turgot était opposé au rappel, et il était en cela d'accord avec tous ses collègues, sauf Maurepas. « On assure, dit la correspondance Métra, que le roi a dû prendre sur soi tout l'événement et user même de son autorité pour l'opérer; les membres de son conseil étaient d'un avis opposé. » Mais Maurepas était habile, plus habile que Turgot, et il finit par l'isoler.

Condorcet écrivit à Turgot pour le supplier de maintenir son opposition, et nul doute que la plupart de ses arguments ne fussent absolument d'accord avec ceux que Turgot se donnait à lui-même.

« On dit, écrit Condorcet (en octobre ou novembre 1774), que l'ancien Parlement va revenir sans condition, c'est-à-dire avec son insolence, ses prétentions et ses préjugés. Il résulte de cet arrangement : Que toute réforme dans les lois devient impossible, car nos lois sont excellentes pour ceux qui siègent et détestables pour ceux qui sont jugés. Plus la jurisprudence criminelle est cruelle, secrète, oppressive, plus les parlements sont puissants. Que, comme ces messieurs ignorent l'opinion ou la méprisent, ils ne seront jamais jaloux que d'avoir la faveur de la population; qu'ils défendront toutes les tyrannies du système prohibitif, s'opposeront à toute liberté et exciteront des séditions contre tout ministre qui voudrait l'établir. Que, comme ces messieurs ont les mêmes opinions qu'avaient les sots dans le xive siècle; comme ils ignorent à un point ridicule tout ce qui n'est pas dans le registre Olim; comme ils méprisent toute lumière, toute philosophie, et qu'ils sont bouffis d'un orgueil digne de leur ignorance, ils seront ennemis de toutes lumières, les persécuteront et tâcheront de nous replonger dans la barbarie qu'ils appellent, dans leurs remontrances, la simplicité des mœurs antiques....

« Adieu, Monsieur, je ne puis souffrir que vous soyez ministre et que le bien devienne impossible. »

Turgot se garda bien sans doute de communiquer au Conseil la lettre de Condorcet, et, s'il fit opposition au rétablissement des parlements, ce fut sans doute en faisant valoir simplement les intérêts de l'autorité royale. Il n'était pas un élève des physiocrates sans avoir été touché de leurs doctrines, de celles-là même qui auraient pu lui paraître excessives. Il pensait d'ailleurs très sincèrement que le roi avait le pouvoir de changer les institutions anciennes quand le bien public lui en faisait un devoir, et il n'admettait pas que l'intervention du Parlement fût nécessaire pour donner aux décisions royales un caractère législatif obligatoire. On lui a même attribué cette parole si souvent répétée depuis par l'école jacobine, c'est-à-dire par les hommes qui ont toujours été le plus opposés à ses doctrines économiques : « Donnez-moi cinq années de despotisme, et la France sera libre ».

Il faut bien le dire, Turgot n'avait pas toute sa liberté d'action pour combattre, dans le Conseil et devant le roi, la proposition de rappel des parlements faite par Maurepas. Il avait concouru au renvoi de Terray et de Maupeou, et c'est Terray qu'il avait remplacé, après l'avoir subi comme collègue, on sait avec quelle impatience, pendant plus

de trois mois. C'était dans un conseil où il siégeait
comme ministre de la marine, le 24 août 1774, jour
anniversaire de la Saint-Barthélemy, que l'exil de
Terray et de Maupeou avait été décidé. Il était donc
responsable aussi bien que ses collègues de ce qu'on
avait appelé une Saint-Barthélemy de ministres, et
il n'eût certes pas contredit le comte d'Aranda qui,
entendant le mot, avait ajouté : « Oui, mais ce n'est
pas le massacre des Innocents ». L'exil de Maupeou
avait pour conséquence nécessaire le retour des parlements. Turgot était obligé de le subir, car la proposition de Maurepas était la suite naturelle d'une
politique à laquelle il s'était associé avec éclat. Le
12 novembre 1774, Louis XVI, dans un lit de justice, rétablit dans leurs fonctions les membres du
parlement de Paris qui en avaient été privés le
21 janvier 1771 ; mais il prit ou crut prendre, dans
une suite d'édits, enregistrés au même lit de justice,
des précautions contre les empiétements administratifs et politiques des corps judiciaires. Le Parlement
se réunit quelques jours plus tard, pour protester
contre la diminution de son autorité, et bientôt les
choses reprirent leur cours ancien, malgré les édits
qui avaient accompagné le rétablissement des juges.
Le Parlement se considéra comme chargé, autant et
plus que par le passé, de défendre ce qu'il appelait
l'ancienne constitution du royaume, contre les
réformes qu'on voulait y introduire.

Le jour où le Parlement recouvra sa puissance a
été un jour funeste pour la France. Il n'était que

trop facile de prévoir que le Parlement deviendrait fatalement l'instrument de la chute de Turgot, et qu'en s'obstinant à maintenir l'ordre de choses auquel on a donné le nom d'ancien régime, il rendrait de plus en plus difficile une révolution pacifique.

CHAPITRE VI

LA PRÉPARATION DES GRANDS EDITS — LES ÉDITS DE 1776
LE LIT DE JUSTICE.

Interrompu par la guerre des Farines, mais toujours résolu à poursuivre les préjugés, les privilèges et les abus, encouragé d'ailleurs par la victoire qu'il venait de remporter, par la confiance que le roi lui avait témoignée et par l'entrée de son ami, le sage Malesherbes, au ministère, Turgot reprit l'étude déjà très avancée de ses grands projets, avec toute l'activité dont son esprit était capable. Il le fit sans ostentation, mais aussi sans mystère, et ceux qui devaient en souffrir purent tout à leur aise se préparer à défendre leurs intérêts, ceux de leurs familles et de leurs amis.

Au premier rang de ses adversaires, Turgot devait rencontrer le Parlement et, à la suite, le clergé, puis la cour, le parti Choiseul, la bourgeoisie parisienne menacée dans les six corps de marchands qui la composaient, et enfin, au sein même du ministère, d'abord le garde des sceaux Hue de Miroménil et enfin le premier ministre lui-même, Maurepas.

Le clergé le considérait, non sans raison, comme un philosophe. Il se rappelait cette phrase du *Conciliateur* où Turgot disait à propos de la révocation de l'édit de Nantes : « On a déshonoré la religion pour flatter Louis XIV »; et cette autre opinion vivement exprimée que le roi ne doit pas être chef de la religion, pas plus que le chef de la religion ne doit être roi. « La suprématie des Anglais, le pouvoir temporel des papes, voilà les deux extrêmes des abus. » Le clergé ne lui avait pas pardonné non plus les efforts qu'il avait faits pour obtenir la modification de la formule du serment du roi au sacre. Turgot avait demandé à Louis XVI de supprimer du serment le passage où il jurait « d'exterminer entièrement de ses États tous les hérétiques condamnés nommément par l'Église ».

Louis XVI y aurait probablement consenti ; il avait été ému des observations que lui avait présentées son contrôleur général ; mais, circonvenu par Maurepas, qui ne voulait pas se brouiller avec les évêques, il s'était défendu mollement, avait fini par céder et avait prononcé l'ancienne formule, se contentant de la balbutier dans quelques paroles inintelligibles.

Il subsiste une preuve curieuse de l'effet que Turgot avait produit sur le roi en lui présentant ses observations de vive voix et par écrit, et en le suivant à Reims, pour lui parler, jusqu'au dernier moment, de cette grave déclaration d'intolérance qu'on lui imposait. C'est un billet de la main même du roi, daté de Reims le 10 juin 1775, adressé à Turgot et conservé dans les archives de Lantheuil : « Je ne vous ai pas fait appeler, Monsieur, pour vous donner réponse à la lettre d'hier, parce que j'aimais mieux vous laisser un écrit comme gage de ma façon de penser sur votre compte à cette occasion. Je pense que la démarche que vous avez faite auprès de moi, est d'un très honnête homme et qui m'est fort attaché. Je vous en sais le meilleur gré possible et je vous serai toujours très obligé à me parler avec la même franchise; je ne peux pourtant pas, dans ce moment-ci, suivre votre conseil; j'ai bien examiné depuis; j'en ai conféré avec quelques personnes, et je pense qu'il y a moins d'inconvénients à ne rien changer, mais je ne vous suis pas moins obligé de l'avis, et vous pouvez être sûr qu'il demeurera secret, comme je vous prie de garder cette lettre. — Louis. »

Turgot ne cacha guère sa démarche, et d'ailleurs il ne se tint pas pour battu. Après le sacre, après que le roi eut prononcé plus ou moins distinctement la fameuse formule, il lui adressa une longue lettre où il lui donnait sur la tolérance les avis et les enseignements les plus admirables. « La religion peut-elle donc commander, peut-elle permettre des crimes? Ordonner un crime, c'est en commettre un; celui qui commande d'assassiner est regardé comme un assassin. Or le prince qui ordonne à son sujet de professer la religion que celui-ci ne croit pas, ou de renoncer à celle qu'il croit, commande un crime. Le sujet qui obéit fait un mensonge, il trahit sa conscience, il fait une chose qu'il croit que Dieu lu défend. »

Turgot n'estime d'ailleurs pas que le roi soit obligé par des formules « dressées dans des temps trop dépourvus de lumières. Tout n'est pas perdu, et Votre Majesté ne peut être engagée à une chose qui serait injuste. »

Le parti dévot, dont le chef était alors le comte de Provence, s'exprimait sur le contrôleur général avec la plus extrême violence. Le futur Louis XVIII ne dédaigna même pas d'écrire de sa main une diatribe contre le ministre; mais son pamphlet, intitulé « le Songe de M. de Maurepas », ne fit que fort peu d'effet. Il ne convertit personne et ne fut lu que par ceux dont les opinions étaient déjà formées. Les dévots cherchaient à inquiéter la conscience du roi en lui disant que Turgot n'allait pas à la messe. « M. Turgot ne va pas à la messe? demandait Louis XVI à Maurepas. — Je l'ignore, Sire, répondait Maurepas; M. Terray y allait tous les jours. »

La reine subissait avec peine le contrôle de ses dépenses. Bailly raconte que Turgot avait obtenu du roi la promesse qu'aucune ordonnance au comptant ne serait délivrée pendant un certain temps. Peu de jours après, un bon de 500 000 livres était présenté au Trésor au nom *d'une personne de la cour*; c'était la reine, disait-on. Turgot alla prendre les ordres du roi. « On m'a surpris, dit le roi. —

Sire, que do.s-je faire? — Ne payez pas. » Le ministre obéit.

Marie-Antoinette défendait avec passion ses favoris. Ce fut à propos d'une affaire qui concernait un ami du duc de Choiseul, le comte de Guines, ambassadeur en Angleterre, qu'elle fit comprendre à Maurepas l'intérêt qu'il avait à ne point se brouiller avec elle. Le secrétaire de ce diplomate réclamait à son chef des sommes considérables qu'il avait été obligé de payer ou qu'il devait encore, pour des différences de Bourse. Il prétendait avoir agi comme prête-nom de son ambassadeur, qui jouait, disait-il, à la Bourse sur les secrets diplomatiques dont il avait connaissance. Le comte de Guines sollicitait, pour se défendre, l'autorisation de produire devant les tribunaux quelques-unes de ses dépêches au roi, et le Conseil la lui avait refusée. Fort irritée de cette décision, la reine avait obtenu du roi l'autorisation que le Conseil, à l'unanimité, n'avait pas cru pouvoir accorder. On prétend que Maurepas fut stupéfait de l'ascendant exercé dans cette circonstance par la reine sur l'esprit du roi, et qu'il prit dès lors la résolution de laisser Turgot à lui-même, de se désintéresser de ses réformes, et de le sacrifier, au besoin, pour rester en place.

Quoique averti des cabales qui s'agitaient autour de lui, Turgot ne laissait pas de poursuivre son plan avec une grande activité, et, le 5 janvier 1776, il présentait au Conseil les six édits qui font sa gloire, qu'il fit accepter par le roi après une discussion des plus approfondies, qu'il força le Parlement d'enregistrer dans un lit de justice malgré une opposition d'une violence extrême, et qui entraînèrent finalement sa chute. Il périt dans son triomphe.

Les six édits soumis par Turgot au roi le 5 janvier 1776 avaient une importance inégale. Le premier avait pour objet la suppression des corvées; le second, la suppression de la police des grains à Paris; le troisième, la suppression des offices sur les quais, les halles et ports à Paris; le quatrième, la suppression des jurandes et des maîtrises; le cinquième, la suppression de la caisse de Poissy, et le sixième, enfin, la modification du droit sur les suifs.

Nous ne nous occuperons que des édits relatifs aux corvées et aux jurandes.

Il y avait déjà plusieurs années que Turgot avait essayé pour la première fois d'affranchir les paysans de la charge de la corvée; c'était à Limoges, alors qu'il y exerçait les fonctions d'intendant. Il avait reconnu que le poids en était très lourd pour ceux qui y étaient assujettis et que la main-d'œuvre qu'elle procurait à l'administration des travaux publics était très peu productive. Aussi avait-il essayé d'y substituer une contribution en argent. Dans l'impuissance où il était de modifier la loi, il avait donné à cette contribution la même assiette qu'à la corvée elle-même, et en avait fait comme une sorte de supplément à la taille par voie d'abonnement. C'était un rachat en argent par les corvéables, qui n'était pas sans analogie avec celui qui se pratique actuellement. On sait que le rachat est aujourd'hui facultatif; tous les contribuables n'en usent pas, et la proportion entre les prestations en argent d'une part, et les prestations en nature d'autre part varie d'un département à un autre. Mais il y a un fait remarquable, que la statistique a mis en lumière : les départements où le rachat s'effectue dans la plus forte proportion sont ceux de l'ancienne généralité de Limoges. C'est une tradition qui date de Turgot.

Dans le préambule général commun à ses six édits, Turgot rappelait les conversions en argent opérées dans sa généralité et, à son exemple, dans quelques autres. Il estimait qu'il eût pu procéder par arrêt sans faire enregistrer de loi, s'il avait songé à supprimer simplement la corvée ou si, la remplaçant par une contribution en argent, il n'avait imposé cette contribution qu'aux seuls taillables. Mais son objet est différent, et il affirme, tout de suite et dès la première ligne de son préambule, que ce qu'il cherche à réaliser c'est une véritable révolution dans l'assiette même des impôts.

Son but est, en effet, d'abolir les privilèges et de soumettre à l'impôt les membres de la noblesse et du clergé dans les mêmes conditions que tous les autres citoyens.

C'est parce qu'il contenait une attaque aussi formelle et aussi directe contre les privilégiés et qu'il marquait un premier pas dans la voie de l'égalité de tous les propriétaires devant l'impôt, que l'édit des

corvées a été celui des six qui a été le plus violemment attaqué.

« Le poids de cette charge, dit-il, ne tombe et ne
peut tomber que sur la partie la plus pauvre de nos
sujets, sur ceux qui n'ont de propriété que leurs
bras et leur industrie, sur les cultivateurs et les
fermiers. Les propriétaires, presque tous privilégiés, en sont exempts, ou n'y contribuent que très
peu ; cependant c'est aux propriétaires que les chemins sont utiles par la valeur que les communications
multipliées donnent aux productions de leurs terres...
C'est donc la classe des propriétaires des terres qui
recueille le fruit de la confection des chemins, c'est
elle qui doit seule en faire l'avance puisqu'elle en
retire les intérêts. Comment pourrait-il être juste d'y
faire contribuer ceux qui n'ont rien à eux, de les
forcer à donner leur temps et leur travail sans
salaire, de leur enlever la seule ressource qu'ils
aient contre la misère et la faim, pour les faire travailler au profit de citoyens plus riches qu'eux.... Par
le compte que nous nous sommes fait rendre des
routes à construire et à entretenir dans nos différentes provinces, nous croyons pouvoir assurer nos
sujets qu'en aucune année la dépense pour cet objet
ne surpassera la somme de dix millions pour la totalité des pays d'élection. Cette contribution ayant
pour objet une dépense utile à tous les propriétaires,
nous voulons que tous les propriétaires privilégiés et
non privilégiés y concourent, ainsi qu'il est d'usage
pour toutes les charges locales. »

Le préambule et le dispositif de l'édit d'abolition des corvées avaient été l'objet d'études très longues préalablement à la remise qui en avait été faite au roi, et ils furent ensuite examinés et discutés à fond par le garde des sceaux Hue de Miroménil. Cherest, dans son histoire de la *Chute de l'ancien régime,* dit que le roi demanda en outre l'avis d'un autre membre du Conseil, qu'il croit être Malesherbes. Le mémoire que Cherest attribue à Malesherbes a été conservé aux Archives nationales.

Miroménil a présenté ses observations en suivant, paragraphe par paragraphe et article par article, le préambule et les dispositifs de l'édit. Il commence par affirmer son impartialité ; il rend justice aux intentions de l'auteur du projet et annonce le dessein, non d'opposer une véritable contradiction, mais de discuter comme elle le mérite une matière si importante. Il rappelle ensuite les travaux d'Orry et de Trudaine, qui ont pensé qu'on pouvait réformer la corvée, mais non l'abolir, et cherche à établir que toutes les classes profitent du bon état des chemins ; « les propriétaires, dit-il, ne profitent pas seuls de l'avantage des grandes routes bien entretenues, les voyageurs, les rouliers, les paysans même qui vont à pied, en profitent également ».

Ce à quoi Turgot réplique : « A l'égard des paysans qui vont à pied, M. le garde des sceaux me permettra de croire que le plaisir de marcher sur un chemin bien caillouté ne compense pas pour eux la peine qu'ils ont eue à le construire sans salaire ».

Il faudrait pouvoir citer d'un bout à l'autre, tant elle est intéressante, la discussion que poursuivent, la plume à la main, ces deux hommes éminents. Miroménil montre beaucoup de souplesse et produit sous des formes très diverses et assez nouvelles des arguments dont le fond est fort ancien. Il semble ne vouloir pas les pousser jusqu'au bout et paraît croire que des corrections aisées à faire suffiraient à ramener les esprits opposés. Turgot ne se laisse ébranler ni déconcerter par aucun argument; il a réponse à tout.

Il est pourtant nécessaire, puisqu'on ne peut pas les transcrire toutes ici, de rapporter les principales objections de Miroménil et les réponses de Turgot au sujet de l'impôt de remplacement destiné à faire les fonds de l'entretien des routes.

« Je ne répéterai pas ici, dit Miroménil, ce que j'ai dit dans mes observations sur le préambule du projet, relativement aux inconvénients que l'on peut trouver en général dans l'établissement d'une imposition territoriale substituée à la corvée de bras et de chevaux, — mais j'observerai qu'il est peut-être dangereux de détruire absolument tous ces privilèges. Je ne parle pas de ceux qui sont attachés à certains offices que je ne regarde volontiers que comme des abus, acquis à prix d'argent, plutôt que comme de véritables privilèges; mais je ne puis me refuser à dire qu'en France le privilège de la noblesse doit être respecté et qu'il est, je crois, de l'intérêt du roi de le maintenir. »

Turgot répond : « M. le garde des sceaux semble ici adopter le principe que, par la constitution de l'État, la noblesse doit être exemptée de toute imposition. Il semble même croire que c'est un préjugé universel dangereux à choquer. Si ce préjugé est universel, il faut que je me sois étrangement trompé sur la façon de penser de tout ce que j'ai vu d'hommes instruits dans tout le cours de ma vie; car je ne me rappelle aucune société où cette idée eût été regardée autrement que comme une prétention surannée et abandonnée par tous les gens éclairés, même dans l'ordre de la noblesse.... Les dépenses du gouvernement ayant pour objet l'intérêt de tous, tous doivent y contribuer; et plus on jouit des avantages de la société, plus on doit se tenir honoré d'en partager les charges. Il est difficile que, sous ce point de vue, le privilège pécuniaire de la noblesse paraisse juste. » Dans un autre passage Turgot ajoute les réflexions qui suivent : « Une autre raison achève de rendre ce privilège et plus injuste et plus onéreux et en même temps moins respectable. C'est qu'au moyen de la facilité qu'on a d'acquérir la noblesse à prix d'argent, il n'est aucun homme riche qui sur-le-champ ne devienne noble, en sorte que le corps des nobles comprend tout le corps des riches et que la cause du privilégié n'est plus la cause des familles distinguées contre les roturiers, mais la cause du riche contre le pauvre. Les motifs qu'on pourrait avoir de respecter ce privilège, s'il eût été borné à la race des anciens défenseurs de l'État, ne peuvent certainement pas être regardés du même œil quand il est devenu commun à la race des traitants qui ont pillé l'État. D'ailleurs quelle administration que celle qui ferait porter toutes les charges publiques aux pauvres pour en exempter tous les riches! »

Le mémoire que Cherest attribue à Malesherbes contient des observations analogues exprimées dans des termes à peu près identiques. Turgot prétendait, non sans raison, que la doctrine qu'il soutenait était celle qu'avaient toujours défendue les hommes d'État qui avaient essayé de rétablir l'ordre dans les finances depuis Desmarests, Orry et de Machault jusqu'à lui-même. « Tous les ministres des finances sans exception, disait-il, ont tous pensé et agi de même; tous ont cherché à consolider l'impôt des vingtièmes, tous ont cherché à restreindre le privilège de la taille. » L'auteur du mémoire partage cet avis; il commence ainsi : « Tout noble, à la vérité, n'est pas riche, mais tout riche est noble.... L'impôt, qui, aux yeux de la raison et de la justice, doit être en proportion de la richesse, est un impôt dont, au contraire, on s'exonère à force de richesse »; et il termine par ces mots : « Je conclus de tout ceci que l'objection du Parlement en faveur des privilèges de la noblesse n'est pas fondée, mais qu'il serait du plus grand danger que le roi laissât ce système prendre quelque faveur, parce qu'il tend à détruire tout ce qui s'est fait de grand depuis un siècle et tout ce qui peut être fait de bon dans la matière des

impositions. Enfin, sans être plus ami du despotisme que je ne l'ai jamais été, je dirai toujours au
roi, je dirai au Parlement, je dirai tout haut, s'il le
fallait en présence de la nation entière, que cette
affaire est de celles où le roi doit se déterminer par
sa volonté absolue; et en voici la raison : La question étant bien entendue, ceci est un procès entre
les riches et les pauvres. Or de qui le Parlement
est-il composé? De gens riches, par comparaison
avec le peuple, et tous nobles, puisque leurs charges
donnent la noblesse. De qui la cour, dont le cri est
si puissant, est-elle composée? Des grands de l'État,
dont le plus grand nombre a des terres qui payeront
l'imposition et ne payaient pas la corvée. De qui
le public de Paris est-il composé? De beaucoup de
nobles ou de riches jouissant des privilèges de la
noblesse et qui sont ceux qui parlent le plus haut,
et d'un peuple qui supporte d'autres impositions,
mais qui ne paye ni la taille ni la corvée. Par conséquent, ni les remontrances du Parlement, ni l'ap-
plaudissement du public de Paris, ni même les
réclamations de la cour, ne doivent faire aucun préjugé dans cette cause.... Qu'on assemble, dit-il, des
États généraux ou particuliers en France, c'est le
vœu de mon cœur; c'est celui de tous les bons Français. Que ces États soient constitués de façon que le
peuple puisse réellement s'y faire entendre et n'ait
point, pour uniques représentants, des baillis, des
sénéchaux, des gens en charge qui ont des intérêts
tout différents de ceux du vrai peuple et qui sont

toujours dans la dépendance d'un grand ou d'un ministre; alors il me paraîtra juste de déférer à une pareille assemblée la discussion de la répartition des impositions; mais, tant que le peuple n'aura pas d'organes dans les parlements, le roi, après les avoir entendus, doit juger par lui-même, et juger en faveur du peuple, parce que cet ordre est le plus malheureux. »

Turgot ne céda à Miroménil que sur la question du clergé, mais il conserve son opinion : « Le privilège du clergé est susceptible des mêmes discussions que celui de la noblesse; je ne le crois pas mieux fondé. Cependant, comme, en retranchant les dîmes et les casuels, les biens ecclésiastiques ne forment pas un objet très considérable, je ne m'éloignerai pas de remettre à un autre temps la discussion des principes et de retrancher ici la disposition qui concerne le clergé, quoique la proposition en soit très juste. » Et, faisant allusion à l'opposition de Maurepas, il ajoute : « Et peut-être les opinions du roi et du ministère ne sont-elles point assez décidées pour qu'il ne soit pas à propos d'éviter d'avoir deux querelles à la fois ».

Miroménil avait prétendu qu'il y avait en France trois grands ordres, le Clergé, la Noblesse et le Tiers État, et que chacun de ces ordres avait ses droits, ses privilèges, peut-être ses préjugés et qu'il était nécessaire de les conserver tels qu'ils étaient. « M. le garde des sceaux, répond Turgot, parle des -privilèges du Tiers État. On sait que la Noblesse et le Clergé ont des privilèges, et qu'il y a aussi dans le

Tiers État quelques villes et quelques corporations
particulières qui en ont. Mais le Tiers État en corps,
c'est-à-dire le peuple, est bien loin d'avoir des privilèges ; il en a à l'inverse, puisque le fardeau qu'auraient porté ceux qui sont exempts, retombe toujours
sur ceux qui ne le sont pas. »

M. de Miroménil lut les réponses que Turgot
avait écrites en marge de ses observations, et, après
les avoir lues, il lui rendit tout le dossier avec cette
lettre d'envoi :

« M. de Miroménil fait mille compliments à M. Turgot ; il lui envoie le projet d'édit concernant les corvées et ses observations. Il lui renvoie aussi ce qui
concerne les banalités et il avoue qu'il est peu touché
des réponses à ses observations. »

Le roi en fut plus touché que le garde des sceaux
ne l'avait été et il permit que les édits approuvés par
lui fussent envoyés au Parlement le 9 février 1776.
Le temps qui s'était écoulé depuis la présentation
des édits au roi jusqu'au 9 février avait été employé,
par ceux qui y étaient opposés, à organiser leur
opposition. Les amis de Turgot, qui le savaient et
s'en inquiétaient, étaient très pressés d'en finir.
« Les bien intentionnés du Parlement, écrivait Trudaine, qui sont en petit nombre, souhaitent qu'on
mette de la fermeté, et, pour cela, il faut se hâter.
Plus on retardera, plus la résistance aura le temps
de se préparer. »

Le Parlement enregistra l'édit sur la suppression
de la caisse de Poissy et nomma des commissaires

pour examiner les autres. Le 17 février le procureur
général et les commissaires se déclarèrent défavora-
bles à l'édit sur la suppression des corvées. On alla
aux voix, et il fut arrêté « qu'il serait fait des remontrances au roi pour le supplier de vouloir bien retirer
ledit édit comme inadmissible tant au fond que dans
ses dispositions ».

Le lit de justice devenait inévitable; on ne pouvait
plus douter qu'on fût obligé d'en venir là. Cependant, comme Malesherbes hésitait à recourir à ce
dernier moyen, on perdit encore près d'un mois,
pendant lequel les cabales devinrent d'une extrême
violence.

Trudaine ne cessait de demander qu'on se
dépêchât : « La suspension du public, disait-il,
porte sur tous les objets; on voit mille cabales,
actives, violentes, audacieuses, attaquer l'existence
des ministres. On les voit tranquilles, lents, souvent
indéterminés; on les suppose incertains de leur état,
inquiets, effrayés. On ne sait pas même s'ils sont
unis entre eux. Dans cette position, tout délai est
dangereux.... Les effets tombent considérablement
à la Bourse depuis l'assemblée du Parlement. Ils vont
continuer tant que le roi n'aura pas décidé. »

Le roi d'ailleurs ne paraissait pas ébranlé. « Le
roi a fait des édits, écrit Marie-Antoinette à Marie-
Thérèse, qui occasionneront peut-être de nouvelles
brouilleries avec le Parlement; j'espère qu'elles
n'iront pas si loin que sous le dernier règne et que
le roi maintiendra son autorité. »

Mais Malesherbes, l'ami et le collaborateur de
Turgot, demandait qu'on introduisît des modifica-
tions dans le dispositif de l'édit des corvées, afin de
prévenir certains abus administratifs ; il aurait désiré,
si on ne pouvait obtenir l'assentiment du Parlement,
qu'on s'adressât à la Cour des aides.

Trudaine soutenait que ces demi-mesures passe-
raient pour de la faiblesse. Turgot était naturellement du même avis que Trudaine. Le roi était avec
Turgot ; on résolut en conséquence d'avoir recours
au lit de justice.

Mais, dans l'intervalle, la bataille des brochures
se poursuivait avec une activité toujours croissante.
Chaque jour voyait éclore une nouvelle requête, un
nouveau mémoire, de nouvelles chansons, de petits
vers et des quolibets.

> M. de Malesherbes fait tout ;
> M. de Sartine doute de tout ;
> M. Turgot brouille tout ;
> M. de Saint-Germain renverse tout ;
> M. de Maurepas rit de tout.

Les amis de Turgot s'émurent de toutes ces
piqûres : c'était un tort ; ils se fâchèrent, ce fut un
tort de plus. Le Conseil les satisfit en sévissant contre
les auteurs des mémoires et des pamphlets ; et il sup-
prima leurs ouvrages par un arrêt du 22 février 1776.

Le Parlement répondit tout de suite à cet acte de
sévérité, dans lequel il vit un défi, et, le 23 du même
mois, pour répondre aux amis de Turgot, il pour-

suivit un livre contre les privilégiés, qui faisait beaucoup de bruit, et qui avait pour titre *les Inconvénients des droits féodaux*. L'auteur, nommé Boncerf, était un commis de Turgot; il avoua l'ouvrage et fut décrété d'ajournement personnel. Ce livre paraît bien modéré à ceux qui le lisent aujourd'hui. L'auteur énumère les inconvénients des droits féodaux sans exagération de langage et il propose simplement d'en autoriser ou d'en prescrire le rachat. On permettrait aux vassaux actuels de racheter leurs terres sans les y contraindre; leurs héritiers seuls y seraient obligés. Le Parlement vit dans la discussion de ce système comme une sorte d'attentat, et il condamna la brochure « comme injurieuse aux lois et coutumes de France, aux droits sacrés et inaliénables de la couronne et au droit de propriété des particuliers; comme tendant à ébranler toute la constitution de la monarchie, en soulevant tous les vassaux contre leurs seigneurs et contre le roi même, en leur présentant tous les droits féodaux et domaniaux comme autant d'usurpations, de vexations et de violences également odieuses et ridicules ».

Turgot manda immédiatement Boncerf à Versailles auprès de lui pour le soustraire au Parlement, auquel il fit donner l'ordre de cesser toutes poursuites. Voltaire, en apprenant cet acte de vigueur, ne se tient pas de joie et il écrit à Audibert le 28 février 1776 : « Vous saviez peut-être que ce Parlement ayant fait brûler par son bourreau, au pied de son grand escalier, un excellent livre en faveur du peuple, composé par

M. de Boncerf, premier commis de M. Turgot, et ayant décrété l'auteur d'ajournement personnel, Sa Majesté leur a ordonné de mettre leur décret à néant et leur a défendu de dénoncer les livres. Elle leur a dit que ces dénonciations n'appartenaient qu'à son procureur général, qui même ne pouvait le faire qu'après avoir pris ses ordres. Voilà des jugements de Titus et de Marc-Aurèle; mais Messieurs ne sont pas des sénateurs de Rome. Pour M. de Turgot, il a tout l'air d'un ancien Romain. »

Toutes ces escarmouches avaient précédé l'ouverture des grandes hostilités. Une guerre sans merci allait enfin s'allumer; elle devait malheureusement aboutir à la défaite des défenseurs de l'égalité et au triomphe de la ligue des privilégiés.

C'est le 2 mars 1776 que le Parlement avait arrêté le texte de ses remontrances. Il avait envoyé une députation à Versailles pour les porter au roi et lui demander de fixer le jour et l'heure où il pourrait les lui présenter officiellement. Le 7 mars une seconde députation était venue pour prendre les ordres du roi. Louis XVI l'avait reçue et lui avait répondu : « J'ai examiné les remontrances de mon Parlement, elles ne contiennent rien qui n'ait été prévu et mûrement réfléchi ».

Si le Parlement n'a pas enregistré l'édit sur la suppression de la corvée, c'est que cette suppression, disait-il dans ses remontrances, blesse la justice. « La première règle de la justice est de conserver à chacun ce qui lui appartient : règle fondamentale du droit naturel, du droit des gens et du gouvernement civil; règle qui ne consiste pas seulement à maintenir les droits de propriété, mais encore à conserver ceux qui sont attachés à la personne et qui naissent des prérogatives de la naissance et de l'état. » ... « Le droit de la corvée appartenait aux Francs sur leurs hommes.... Lorsque leurs serfs obtinrent leur affranchissement, en devenant citoyens libres mais roturiers, ils devinrent corvéables.... Assujettir les nobles à un impôt pour le rachat de la corvée, au préjudice de la maxime que : « nul n'est « corvéable s'il n'est taillable », c'est les décider taillables comme les roturiers. »

Le refus d'entendre les remontrances était l'annonce du lit de justice; mais, avant d'en rendre compte, nous devons examiner l'édit sur la suppression des jurandes et des maîtrises, qui fut porté au même lit de justice que l'édit sur la suppression des corvées.

La suppression des jurandes et des maîtrises et l'établissement de la liberté du travail constituent la plus grande réforme de Turgot, celle où son action personnelle a été le plus visible et qui a fini par triompher avec la Révolution par la force seule des idées libérales.

La suppression des privilèges et l'égalité civile peuvent être et ont été la conséquence d'une autre passion que celle de la liberté; toute notre histoire depuis 1789 en est la preuve. Le système protecteur et l'organisation du travail ne sont pas incompatibles avec ce qu'on appelle les gouvernements modernes c'est-à-dire les gouvernements qui ont succédé à l'ancien régime. Aussi est-ce à Turgot, beaucoup plus qu'à la Révolution, que nous sommes redevables de la liberté du travail, et c'est à la liberté du travail inaugurée par Turgot que la France du XIXe siècle, après le triomphe définitif des idées du grand ministre, a dû l'étonnante explosion de force industrielle à laquelle notre génération a pu assister.

Le préambule de l'édit sur la suppression des jurandes est une œuvre magistrale dont il convient de donner une analyse et de reproduire par extrait les principales considérations.

Le droit de travailler est un droit naturel ; il y a été porté atteinte par des institutions anciennes à la vérité, mais que ni le temps, ni l'opinion, ni les actes de l'autorité, qui semblent les avoir consacrés, n'avaient pu légitimer. Dans presque toutes les villes l'exercice des différents arts et métiers était concentré dans les mains d'un petit nombre de maîtres réunis en communautés, pouvant seuls, à l'exclusion de tous les autres citoyens, fabriquer ou vendre les objets du commerce particulier dont ils avaient le privilège exclusif. Ceux qui se destinaient à l'exercice des arts et métiers ne pouvaient y parvenir qu'en acquérant la maîtrise, à laquelle on ne pouvait être reçu qu'après des épreuves longues, pénibles et superflues, et au prix d'exactions multipliées qui faisaient perdre à celui qui les subissait une partie du capital dont il aurait eu besoin pour s'établir et monter un commerce ou un atelier.

Ceux qui ne pouvaient faire ces frais étaient réduits à n'avoir qu'une existence précaire, sous l'empire des maîtres; à languir dans l'indigence ou à porter à l'étranger une industrie qu'ils auraient pu rendre utile à leur pays.

Les citoyens de toutes les classes étaient privés du droit de choisir les ouvriers qu'ils auraient voulu employer, et des avantages qu'ils auraient trouvés dans la concurrence pour le bas prix et la perfection du travail. On ne pouvait souvent exécuter l'ouvrage le plus simple qu'en s'adressant à des ouvriers de communautés différentes, et, l'on avait à essuyer les lenteurs, les infidélités, les exactions que favorisaient les prétentions de ces différentes communautés et les caprices de leur régime arbitraire et intéressé.

« Ces abus se sont introduits par degrés. Ils sont originairement l'ouvrage de l'intérêt des particuliers qui les ont établis contre le public. C'est après un long intervalle de temps que l'autorité, tantôt surprise, tantôt séduite par une apparence d'utilité, leur a donné une sorte de sanction. La source du mal est dans la faculté même accordée aux artisans d'un même métier de s'assembler et de se réunir en un corps. »

Le préambule montre que les corporations sont nées avec les communes. Lorsque les villes commencèrent à s'affranchir de la servitude féodale et à se former en communes, la facilité de classer les citoyens en raison de leur profession introduisit cet usage inconnu jusqu'alors. « Les différentes professions devinrent ainsi comme autant de communautés particulières, dont la communauté générale était composée. Les confréries religieuses, en resserrant encore les liens qui unissaient entre elles les personnes d'une même profession, leur donnèrent des occasions plus fréquentes de s'assembler et de s'occuper, dans ces assemblées, de l'intérêt commun des membres de la société particulière, intérêt qu'elles poursuivirent avec une activité continue, au préjudice de ceux de la société générale. Les communautés, une fois formées, rédigèrent des statuts et, sous différents prétextes de bien public, les firent autoriser par la police. »

Le préambule énumère ensuite les dispositions tyranniques et contraires au bien public de la plupart des statuts des communautés. L'objet principal de ces communautés était de restreindre le plus possible le nombre des maîtres, et de rendre l'acquisition de la maîtrise d'une difficulté presque insurmontable pour tout autre que pour les enfants des maîtres.

« L'esprit de monopole qui a présidé à la rédaction des statuts a été poussé aux dernières extrémités. Il en est qui excluent de l'apprentissage et par conséquent de la maîtrise les jeunes gens qui se marient avant d'être maîtres. Les femmes sont exclues des métiers qui leur sont le plus naturels, comme la broderie, qu'elles ne peuvent exercer pour leur compte.

« Nous ne suivrons pas plus loin l'énumération des dispositions bizarres, tyranniques, contraires à l'humanité et aux bonnes mœurs, dont sont remplis ces espèces de codes obscurs, rédigés par l'avidité, adoptés sans examen dans des temps d'ignorance, et auxquels il n'a manqué, pour être l'objet de l'indignation publique, que d'être connus. »

L'édit est divisé en 24 articles.

L'article 1er déclare qu'il est libre à toutes personnes, même aux étrangers, d'exercer tel commerce, telle profession d'arts et métiers que bon leur semblera, et même d'en réunir plusieurs ; et il supprime tous les corps et communautés de marchands et artisans, ainsi que les maîtrises et les jurandes.

Les articles 2 et 3 prescrivent à tous les marchands et artisans de faire préalablement une déclaration devant le lieutenant général de police, dans le but de tenir un registre d'inscriptions.

Les articles 4 et 5 exceptent des dispositions précédentes les barbiers, perruquiers, étuvistes, parce que leurs maîtrises avaient été créées à titre d'office et que les finances en avaient été reçues dans les parties casuelles du roi.... Les orfèvres, pharmaciens, imprimeurs et libraires étaient également exceptés à raison des mesures de police auxquelles ils étaient soumis.

Les articles 6, 7, 8 et 9 stipulent les conditions dans lesquelles les inscriptions des artisans devront être faites sur les registres, et les précautions à prendre pour la vente des drogues.

L'article 10 établit des syndics dans les différents quartiers des villes du royaume, et notamment à Paris, pour veiller sur les commerçants et artisans de leur arrondissement sans distinction d'état ou de profession, rendre compte au lieutenant général de police, recevoir et transmettre ses ordres.

Les articles 11 et 12 fixent la procédure sommaire pour faire juger par le lieutenant général de police les contestations qui naîtraient de malfaçons et défectuosités des ouvrages.

L'article 13 défend expressément aux gardes jurés de continuer l'exercice de leurs fonctions.

L'article 14 est celui qui a été, depuis la Révolution, le plus souvent attaqué. Il défend à tous maîtres, compagnons, ouvriers et apprentis des corps et communautés de former aucune association ni assemblée entre eux, sous quelque prétexte que ce puisse être.

Les articles suivants règlent des questions de juridiction, de procédure et prescrivent les formes de la liquidation des communautés, notamment de celles de la ville de Paris, dont le produit net, après le payement des dettes, devait être partagé par portions égales entre les maîtres.

Tel est l'édit célèbre qui a introduit en France pour la première fois la liberté du travail. Les détracteurs de la réforme ne manquèrent pas alors, il en existe encore aujourd'hui; nous reproduirons leurs objections, car le Parlement se les est appropriées, en rendant compte du lit de justice.

Le lit de justice dans lequel furent enregistrés les fameux édits de Turgot fut tenu à Versailles le 12 mars 1776. Les personnages qui y prirent la parole furent le roi, le garde des sceaux Hue de

Miroménil, le premier président d'Aligre et Séguier,
avocat du roi.

« Messieurs, dit le roi, je vous ai assemblés pour
vous faire connaître mes volontés; mon garde des
sceaux va vous les expliquer. »

Miroménil prit alors la parole, il exposa sommai-
rement les édits, en les justifiant, y compris celui
sur la suppression des corvées, qu'il avait combattu
avec tant de persévérance dans le sein du Conseil.
Son discours est en quelque sorte une analyse, fort
courte d'ailleurs, du préambule général et des préambules spéciaux à chaque édit. Les devoirs de sa
charge le forçaient à défendre ce qu'il avait si vivement attaqué.

Le premier président, parlant au nom du Parlement
après le garde des sceaux, s'exprima dans un style
pompeux et comme sous le coup de l'épouvante.

« Sire, en ce jour où Votre Majesté ne déploie
son pouvoir que dans la persuasion qu'elle fait
éclater sa bonté, l'appareil dont Votre Majesté est
environnée, l'usage absolu qu'elle fait de son autorité, impriment à tous ses sujets une profonde ter-
reur et nous annoncent une fâcheuse contrainte....
Pourquoi faut-il qu'aujourd'hui une morne tris-
tesse s'offre partout aux augustes regards de Votre
Majesté. Si elle daigne les jeter sur le peuple, elle
verra le peuple consterné; si elle les porte sur la
capitale, elle verra la capitale en alarme.... Cet édit
(l'édit sur les corvées), par l'introduction d'un nouveau
genre d'impositions perpétuelles et arbitraires sur

les biens-fonds, porte un préjudice essentiel aux propriétés des pauvres comme des riches, et donne une nouvelle atteinte à la franchise naturelle de la noblesse et du clergé, dont les distinctions et les droits tiennent à la constitution de la monarchie. »

Passant ensuite à l'édit sur la suppression des jurandes, il déclare que « cet édit rompt au même instant tous les liens de l'ordre établi pour les professions de commerçants et d'artisans. Il laisse sans règle et sans frein une jeunesse turbulente et licencieuse qui, contenue à peine, par la police publique, par la discipline intérieure des communautés et par l'autorité domestique des maîtres sur leurs compagnons, est capable de se porter à toutes sortes d'excès. »

Le garde des sceaux fit ensuite donner lecture de l'édit sur les corvées et dit aux gens du roi qu'ils pouvaient parler. Séguier prononça alors un premier discours, dans lequel il reproduisit tous les arguments que Miroménil avait développés dans ses observations non publiques, et il termina en proposant d'employer pendant la paix les soldats à l'entretien des routes.

Après ce réquisitoire, auquel il ne fut rien répondu, le garde des sceaux prit les ordres du roi avant d'aller pour la forme « aux opinions » en commençant par les princes du sang; puis, après être remonté auprès du roi et être ensuite redescendu à sa place, assis et couvert il prononça ces paroles : « Le roi étant en son lit de justice a ordonné et ordonne que l'édit qui vient d'être lu sera enregistré au greffe de son Parlement. »

Le même cérémonial fut suivi pour les autres édits, c'est-à-dire pour l'édit sur la police des grains à Paris et pour la suppression des offices dans les halles. L'édit sur l'abolition des jurandes vint en quatrième.

Séguier, pour exposer les motifs du Parlement de se refuser à l'enregistrement de l'édit sur les jurandes, fit une harangue beaucoup plus longue que les précédentes.

Pour lui, les communautés pouvaient être considérées comme autant de petites républiques, uniquement occupées de l'intérêt général de tous les membres qui les composent, et, s'il est vrai que l'intérêt général se forme de la réunion des intérêts de chaque individu en particulier, il lui paraissait également vrai que chaque membre, en travaillant à son utilité personnelle, travaillait nécessairement, même sans le vouloir, à l'utilité véritable de toute la communauté. Relâcher les ressorts qui font mouvoir cette multitude de corps différents, anéantir les jurandes, abolir les règlements, en un mot désunir les membres de toutes les communautés, c'est détruire les ressources de toute espèce que le commerce lui-même doit désirer pour sa conservation.

L'avocat du roi montrait ensuite l'ouvrier isolé libre de donner dans tous les écarts d'une imagination souvent déréglée, ayant soif du gain et préparant des moyens secrets pour rendre dupes les nationaux comme les étrangers. « Ce sont ces gênes (les gênes du régime réglementaire), ces entraves, ces prohibitions qui font la gloire, la sûreté, l'immensité du commerce de la France. »

Séguier reconnaissait d'ailleurs qu'il y avait des défauts dans la manière dont les communautés étaient constituées ; « mais il n'est pas d'institutions dans lesquelles il ne se soit glissé quelques abus ; et il y a une distance immense entre détruire les abus et détruire les corps où ces abus peuvent exister ». Le nombre des communautés lui paraissait trop grand. « Qu'est-il nécessaire, disait-il, par exemple que les bouquetières forment un corps assujetti à des règlements ? Qu'est-il besoin de statuts pour vendre des fleurs et en former des bouquets ? » Il y a des réunions qu'il trouvait opportunes, comme celles des tailleurs et des fripiers, des traiteurs et des rôtisseurs, des boulangers et des pâtissiers. Il admettait aussi que les femmes pussent arriver à la maîtrise pour être marchandes de mode, brodeuses, coiffeuses. « Mais il faut conserver ce qui a été consacré par Henri IV, Louis XIV, Sully et Colbert. Jamais prince n'a été plus chéri qu'Henri IV, et Colbert, qui a changé la face de la France et ranimé le commerce, a fait ordonner que toutes personnes faisant trafic ou commerce en la ville de Paris seraient et demeureraient pour l'avenir érigées en corps de maîtrises et jurandes. »

Après la harangue de Séguier, l'édit fut enregistré. L'édit sur la modération du droit sur les suifs, lu en dernier, ne donna lieu qu'à quelques paroles et

fut enregistré comme les autres, et la longue séance
fut levée, après avoir duré plus de cinq heures, avec
le cérémonial ordinaire.

Il est à remarquer que les articles 13 et 14 de l'édit
sur les jurandes, qui ont soulevé plus tard tant de
discussions dans l'école économique et libérale, n'ont
donné lieu à aucune observation au moment de la publication de l'édit, et n'ont provoqué de contestation
ni de la part des corps de marchands dans les mémoires qu'ils ont fait rédiger et distribuer, ni de la part
du Parlement dans ses remontrances, ni de la part de
l'avocat du roi dans ses harangues au lit de justice.

Les articles dont nous voulons parler sont ceux
qui interdisaient toute association ou toute assemblée d'ouvriers et de patrons du même état.

C'est de nos jours seulement qu'on y a vu la traduction en article de loi de cette fameuse maxime
qu'on a beaucoup reprochée à Adam Smith et qu'on
a excusée quelquefois, en la traitant de boutade. Elle
était cependant l'expression sincère de la crainte que
la loi ne protégeât pas avec assez d'efficacité la liberté
des consommateurs.

« Il est rare, écrivait Adam Smith, que des gens
du même métier se trouvent réunis, fût-ce pour
quelque partie de plaisir ou pour se distraire, sans
que la conversation finisse par quelque conspiration
contre le public, ou par quelque machination pour
faire hausser les prix. »

En interdisant aux artisans de s'associer et de se
réunir, Turgot mettait, on ne peut en disconvenir,

une entrave à l'exercice d'un droit que l'école libérale a toujours revendiqué dans les temps modernes. Mais il faut bien reconnaître que Turgot, le jour où il a supprimé les maîtrises et les jurandes, n'avait ni la pensée ni la prétention de légiférer sur le droit de réunion et d'association. Il avait voulu simplement ramener les corporations au droit commun de leur temps, et le droit commun de l'époque, en France, ne comportait ni le droit d'association, ni le droit de réunion.

La recherche d'une conciliation entre le droit pour les particuliers de se constituer en associations et le droit pour l'État de se protéger contre ce qu'on a appelé un État dans l'État, est un problème tout nouveau. Turgot n'avait pas à se préoccuper en 1776 d'une question qui n'était pas née, et d'ailleurs si, prévoyant l'avenir, il avait cherché à la résoudre, serait-il bien coupable de n'y avoir pas réussi ? C'est un problème qui, depuis cent ans, fait en France la préoccupation la plus constante des hommes d'État de tous les partis. Nous avons eu des gouvernements fondés sur le principe de l'autorité, et d'autres, fondés sur le principe de la liberté. Les seconds n'ont pas donné sur ce point aux idées libérales plus de satisfaction que les premiers ; et les lois sur la liberté d'association sont toujours à faire. Les droits des associations et ceux de l'État ne cessent d'être opposés les uns aux autres. La discussion est toujours ouverte, et l'on n'est pas encore parvenu à trouver la formule qui les garantisse respectivement sans asservir les citoyens ou désarmer l'État.

CHAPITRE VII

DIFFICULTÉS CROISSANTES — RETRAITE DE MALESHERBES

LETTRES SECRÈTES

DISGRACE DE TURGOT — SA RETRAITE — SA MORT.

Quelle impression le roi a-t-il ressentie de cette journée? il est difficile de le savoir. Turgot l'avait-il fatigué en exigeant de lui ce nouveau et si considérable effort. Toujours est-il que c'est à partir de ce moment que les influences de tous les adversaires de Turgot se firent sentir avec une force croissante qui devint bientôt irrésistible.

La reine était parvenue à dominer complètement le roi, et elle en donna bientôt une dernière preuve à propos de ce même comte de Guines en faveur duquel elle avait déjà fait intervenir une fois le roi malgré l'avis unanime du Conseil. La fin était proche.

M. de Vergennes et Turgot avaient insisté vivement auprès du roi, au moment où les affaires d'Amérique commençaient à les préoccuper, pour être autorisés à rappeler de Londres le comte de

Guines. Ils le considéraient, à juste titre, comme
peu propre à conduire des affaires délicates. Le roi
s'était rendu à leurs raisons et avait même écrit au
comte de Vergennes qu'il lui donnait tous pouvoirs
pour changer l'ambassadeur. La reine, fort irritée de
cette résolution, avait attribué à Turgot, plus encore
qu'à Vergennes, la disgrâce de son favori. Elle ne
pouvait pas faire rendre au comte de Guines l'am-
bassade qu'on venait de lui retirer, mais elle lui fit
donner le titre de duc, avec une lettre de félicitations
signée par le roi. « Je rends justice à votre conduite,
lui écrivit Louis XVI, et je vous accorde les hon-
neurs du Louvre avec la permission de porter le
titre de duc. Vous pouvez montrer cette lettre. » Le
comte de Mercy écrit à Marie-Thérèse : « Dans
l'affaire du comte de Guines le roi se trouve dans
une contradiction manifeste avec lui-même par des
lettres écrites de sa main au comte de Vergennes
et au comte de Guines, lettres entièrement opposées
l'une à l'autre; et il se compromet et compromet
tous ses ministres aux yeux du public, qui n'ignore
pas non plus que tout cela s'opère par la volonté de
la reine et par une sorte de violence exercée de sa
part sur le roi. Le contrôleur général, instruit de la
haine que lui porte la reine, est décidé, en grande
partie par cette raison, à se retirer; le projet de la
reine était d'exiger du roi que le sieur Turgot fût
chassé, même envoyé à la Bastille le même jour que
le comte de Guines serait déclaré duc; et il a fallu
les représentations les plus fortes et les plus in-

stantes pour arrêter les effets de la colère de la reine, qui n'a d'autre motif que celui des démarches que Turgot a cru devoir faire pour le rappel du comte de Guines. » Depuis le lit de justice, les ennemis de Turgot exultaient; ils savaient le roi fatigué, et personne ne doutait plus de la chute du contrôleur général. Le mot de Trudaine à la veille de l'envoi des édits au Parlement se réalisait. « Soyez sûr, avait-il écrit à Turgot, qu'il n'y a pas un conseiller au Parlement qui ne regarde l'envoi des édits comme la fin de votre ministère. Si ce malheur arrivait, je crois que l'autorité du roi serait perdue pour tout son règne. »

Le parti Choiseul ne cachait plus sa joie. « Le Turgot se dissout », disait Mme du Deffant dans une lettre à la duchesse de Choiseul, et quand elle apprit « la nouvelle du Turgot », comme elle dit, elle écrivit : « Que d'événements, que de surprises et, je puis ajouter, que de joie et de plaisir ; ce qui m'en a fait le plus, je l'avoue, c'est le triomphe de M. de Guignes ». La duchesse de Choiseul lui répondit : « J'ai été, comme vous, transportée de joie du triomphe de M. de Guignes ; je trouve que la disgrâce des deux ministres, qui l'a accompagné, le fait ressembler aux triomphateurs romains qui traînaient leurs esclaves à leur suite. » Le 1.er juin 1776, Galiani écrivait à Mme d'Épinay : « Par l'arrivée du beau-frère de l'ambassadeur j'avais appris le changement du ministère, et je n'avais appris rien de plus que ce que je savais lorsqu'on créa contrôleur général M. Turgot.

De grâce, relisez cette lettre que je vous écrivis alors. »
La prophétie contenue dans la lettre qu'il rappelle
avait été en effet vraiment singulière et faisait le plus
grand honneur à sa perspicacité. Voici en effet le
passage auquel il fait allusion, qu'on peut lire dans la
lettre qu'il avait adressée de Naples à Mme d'Épinay le
17 septembre 1774. « Enfin M. Turgot est contrôleur
général. Il restera trop peu de temps en place pour
exécuter ses systèmes ; l'administration des finances
ressemblera à la Cayenne de son frère. Il punira
quelques coquins ; il pestera ; il se fâchera ; voudra
faire le bien ; rencontrera des épines, des difficultés,
des coquins partout. Le crédit diminuera ; on le détes-
tera ; on dira qu'il n'est pas bon à la besogne ; l'enthousiasme se refroidira ; il se retirera ou on le ren-
verra et on reviendra une seconde fois de l'erreur
d'avoir voulu donner une place telle que la sienne,
dans une monarchie telle que la vôtre, à un homme
vertueux et très philosophe. » On a parlé d'intrigues subalternes ; entre autres de celles du marquis
de Pezay, qui avait réussi à attirer l'attention du
roi et lui avait remis des notes sur le budget des
recettes et dépenses tel que Turgot l'avait préparé.
On prétend que les notes en question avaient été
rédigées pour M. de Pezay par Necker lui-même et
qu'elles présentaient les choses avec beaucoup d'habileté sur un ton très défavorable au contrôleur
général. On disait « qu'il n'était pas bon à la
besogne », pour parler comme l'abbé Galiani. Il y
eut aussi une affaire de lettres supposées et inter-

ceptées par le cabinet noir. Dupont de Nemours la rapporte longuement.

Toutes ces manœuvres secondaires ont pu avoir quelque effet et contribuer à aigrir l'esprit du roi, mais l'opposition de la reine, la démission de Malesherbes qui survint à ce moment, et les lettres singulièrement dures et passablement hautaines que Turgot écrivit au roi pour combattre l'influence de Maurepas et pour lui demander de donner à Malesherbes un successeur ami des réformes, expliquent très suffisamment la crise finale.

Dans une monarchie absolue comme celle de Louis XVI, tout aussi bien que dans un gouvernement parlementaire, comme les gouvernements modernes, les crises ministérielles se produisent toujours sur des questions de confiance. Turgot avait perdu la confiance du roi, aucun arrangement ministériel ne pouvait la lui rendre. Il ne s'agissait plus de faire entrer dans la combinaison tel ou tel personnage, pour s'appuyer sur lui dans la lutte contre les privilégiés. Le parti du roi était pris, et c'était tout : de même qu'un ministre parlementaire ne peut rien faire pour se maintenir quand la majorité des Chambres a pris son parti de lui retirer sa confiance, Turgot n'avait de même rien à faire, parce que le roi ne voulait plus de lui ; il aurait été mieux inspiré s'il avait envoyé sa démission en même temps que Malesherbes. Au lieu de se retirer, Turgot, dont le roi depuis quelque temps évitait l'entretien, écrivit à Louis XVI quatre lettres secrètes, pour ainsi dire

en forme de mémoires, sur lesquelles il y en a deux
qui sont heureusement parvenues jusqu'à nous.
L'abbé Soulavie en avait parlé dans son histoire
diffuse et confuse; il avait affirmé que, dans l'une
d'elles, Turgot avait dit au roi « une vérité dure,
terrible, épouvantable; il marque à ce jeune prince
né craintif et timide que la destinée des princes
faibles est celle de Charles Ier ou de Charles IX ».
A en croire Soulavie, il aurait vu ces lettres dans
les papiers de Louis XVI; celle où il est question
de Charles Ier aurait été placée par le roi « dans une
enveloppe cachetée du petit sceau royal grand comme
une centime, avec cette inscription de sa main :
Lettres de Turgot ». L'assertion de Soulavie n'avait
jamais été prise très au sérieux par les historiens
de Turgot, quand M. de Larcy en découvrit, en 1868,
dans les mémoires de Very, le texte entier. C'est
un document si curieux et qui jette tant de lumière
sur les derniers jours du ministère de Turgot que
nous en transcrirons plus loin un certain nombre
de passages. Une découverte plus récente est venue
d'ailleurs lever tous les doutes qu'on aurait pu avoir
sur l'existence des lettres en question et sur l'au-
thenticité de celle que M. Larcy a publiée. M. le
marquis Turgot a trouvé dans les archives du château
de Lantheuil un papier qui avait servi de chemise
à un dossier, dont il ne restait plus rien; mais sur
cette chemise Malesherbes avait écrit de sa main
les observations qui suivent : « Cette liasse contient
quatre lettres écrites par M. Turgot au roi dans le

temps qu'il fut question du choix de mon successeur.
M. Turgot écrivait au roi avec le zèle que le ministre
le plus dévoué au service du roi doit avoir, et avec
la confiance qu'on a pour l'ami le plus sûr.

« Il lui dit, dans les termes les plus clairs, ce
qu'il pensait de ceux qui sont à la tête de l'administration et des sujets propres à remplir la place va-
cante. Et quand il parle même de ses amis, il ne
croit pas devoir dissimuler au roi les défauts qu'il
leur connaît.

« La vertu la plus austère règne dans ces quatre
lettres ; mais, d'une part, il serait très fâcheux, pour
ceux dont il parle, qu'on sût ce qu'il a dit au roi
dans cette confiance intime ; et rien n'est certainement plus contraire aux intentions de M. Turgot
que de laisser, par écrit, des notes de ce qu'il a cru
devoir dire au roi seul.

« Moi qui en parle, je n'y ai aucun intérêt personnel, car il me loue sans restriction. Ce n'est pas
qu'il ne me connût sûrement des défauts, car j'en ai
beaucoup ; mais, comme j'allais sortir de place, l'intérêt du service du roi n'exigeait pas qu'ils lui fussent dits ; aussi ils ne l'ont pas été. Mais il y a
plusieurs personnes nommées au nom de qui je
réclame le secret le plus absolu, quoiqu'ils ne m'en
aient point chargé, parce qu'ils ne savent pas ce
qui est dit d'eux, et ceux pour qui je ne me mêle
pas de réclamer, n'ont pas un moindre droit pour
demander à la famille la suppression de ces pièces.
De plus la famille de M. Turgot ne peut y avoir

aucun regret, car ce ne sont pas des mémoires de
M. Turgot établissant au roi ses principes d'administration, qui sont bien précieux à conserver. Il
y a dit seulement sur la nécessité de maintenir
l'autorité ce qui a été dit par tout le monde, et sur
l'application de ces principes, qui est le sujet de
ses longs mémoires, il ne disait que le caractère des
personnes, ce qui ne mérite pas d'être conservé.

« J'espère que les lettres mêmes, écrites au roi,
seront ensevelies dans le plus profond oubli. Si le
contraire arrive, ce ne sera pas la faute de Turgot,
ni de sa famille; mais ils ne doivent pas se reprocher d'y avoir contribué par la conservation des
minutes. J'exhorte même M. le marquis Turgot à
renoncer à les lire lui-même; je lui répète qu'il ne
fait en cela aucun sacrifice, et moi qui ne les ai lues
que sept ou huit jours après en avoir été chargé,
je voudrais à présent ne les avoir jamais lues, tant
je crains que, si les secrets du ministre au roi sont
un jour divulgués, on m'en accuse. J'ajoute que, ce
secret étant celui du roi comme celui du ministre,
c'est une marque de respect qu'on doit au roi, de
les brûler si cela se peut, en présence de quelqu'un
qui puisse le lui certifier. »

Les pièces que renfermait cette chemise sont évidemment les minutes des lettres que Soulavie a vues
en 1793, et qui sont aujourd'hui perdues. Les minutes
renfermées dans la liasse dont l'enveloppe seule a été
retrouvée dans les archives de Lantheuil ont sans
doute été brûlées, comme le demandait Malesherbes.

La copie d'une des quatre lettres avait été probablement envoyée à Very par Turgot lui-même, qui avait voulu lui faire savoir dans quels termes il avait insisté pour qu'on le choisît en remplacement de Malesherbes et qu'on lui donnât le ministère de la maison du roi.

Une autre a été copiée par Soulavie et insérée par lui dans ses *Mémoires historiques,* en annexe, parmi les pièces justificatives. Elle a trait à la requête d'un sieur Chanvallon qui poursuivait la revision d'un procès et cherchait à compromettre le président, frère de Turgot, et Turgot lui-même. C'était une trame de Sartine, et Turgot la dénonçait au roi.

« L'année passée, M. de Sartine m'instruisit de toutes les démarches, me demanda, pour ainsi dire, mon consentement, que je n'avais garde de refuser, voulut que, malgré moi, j'assistasse au rapport particulier que M. Chardon lui fit chez lui de toute l'affaire, et aujourd'hui tout se passe mystérieusement et n'éclate que malgré M. de Sartine. Ce n'est plus moi qu'on avertit d'avance. On sait pourtant que je ne suis pas homme à demander contre qui que ce soit un déni de justice ; mais c'est M. de Choiseul qu'on prévient avant son départ pour Chanteloup. Pourquoi donc cette différence ? Il est aisé de l'expliquer : l'année dernière l'arrivée de M. de Malesherbes dans le ministère, les bontés que Votre Majesté m'avait marquées, ne donnaient pas l'espérance de me renverser, et l'on voulait me gagner, ou du moins paraître désirer mon amitié. Cette

année, la retraite de M. de Malesherbes, la réunion
plus décidée de tous les partis contre moi, mon isolement absolu, l'inimitié assez connue de M. de Miroménil et son influence sur M. de Maurepas, tout
persuade que je ne tiens qu'à un fil. Il faut le rompre
et ourdir secrètement une nouvelle trame qui ramène
sur la scène une ancienne affaire oubliée qui donne
lieu à publier des mémoires diffamants, d'abord en
simples manuscrits, sauf à les faire imprimer par
la suite ; qui consume mon temps à défendre mon
frère ou moi-même, et qui au moins annonce mon
discrédit : voilà, Sire, pourquoi la conduite de M. de
Sartine en 1776 est si différente de la conduite de
M. de Sartine en 1775. »

L'autre lettre, celle dont l'abbé de Very a eu la
copie, portait également la date du 30 avril 1776. Le
caractère en est si singulier, elle jette un jour si nouveau sur les relations personnelles de Turgot avec
le roi, qu'elle mérite d'être soigneusement méditée.

« Sire, je ne veux point dissimuler à Votre Majesté
la plaie profonde qu'a faite à mon cœur le cruel
silence qu'elle a gardé avec moi, dimanche dernier,
après ce que je lui avais marqué avec un si grand
détail dans mes lettres précédentes sur ma position,
sur la sienne, sur le danger que courent son autorité et la gloire de son règne, sur l'impossibilité
où je me verrai de la servir si elle ne me donnait du secours. Votre Majesté n'a pas daigné me
répondre.... J'ai bravé la haine de tous ceux qui
gagnent à quelques abus. Tant que j'avais l'espérance

que Votre Majesté m'estimât et de faire le bien, rien ne m'a coûté. Quelle est aujourd'hui ma récompense? Votre Majesté voit l'impossibilité où je suis de résister à ceux qui me nuisent par le mal qu'ils me font et par le bien qu'ils m'empêchent de faire, en croisant toutes mes opérations, et Votre Majesté ne me donne ni secours ni consolation. Comment puis-je croire que vous m'estimiez ni que vous m'aimiez. Sire, je ne l'avais pas mérité, j'ose le dire....

« Votre Majesté m'a dit qu'elle avait encore besoin de réflexion et qu'elle manquait d'expérience. Vous manquez d'expérience, Sire. Je sais qu'à vingt-deux ans et dans votre position, vous n'avez pas la ressource que l'habitude de vivre avec des égaux donne aux particuliers pour juger les hommes; mais aurez-vous plus d'expérience dans huit jours, dans un mois? et faut-il attendre pour vous déterminer que cette expérience tardive soit arrivée?...

« Je vous ai peint tous les maux qu'avait causés la faiblesse du feu roi, je vous ai développé la marche des intrigues qui avaient, par degrés, avili son autorité. J'ose vous prier de relire cette lettre et de vous demander si vous voulez courir le risque des mêmes dangers, je dirai même de dangers plus grands.

« Louis XV avait à quarante ans la plénitude de son autorité, il n'y avait point alors de chaleur dans les esprits. Aucun corps n'avait essayé ses forces; et vous, Sire, vous avez vingt-deux ans, et les parlements sont déjà plus animés, plus audacieux, plus

liés avec les cabales de la cour, qu'ils ne l'étaient
en 1770 après vingt ans d'entreprises et de succès.
Les esprits sont mille fois plus échauffés sur toutes
sortes de matières, et votre ministère est presque
aussi divisé et plus faible que celui de votre prédécesseur. Songez, Sire, que, suivant le cours de la
nature, vous avez cinquante ans à régner, et pensez
au progrès que peut faire un désordre qui en vingt
ans est parvenu au point où nous l'avons vu. Oh!
Sire, n'attendez pas qu'une pareille expérience vous
soit venue et sachez profiter de celle d'autrui.

« Sire, je dois à M. de Maurepas la place que
Votre Majesté m'a confiée ; jamais je ne l'oublierai ;
jamais je ne manquerai aux égards que je lui dois,
mais je dois mille fois davantage à l'État et à Votre
Majesté. Je ne pourrais sans crime sacrifier les
intérêts de l'un et de l'autre. Il m'en coûte horrible-
ment pour vous dire que M. de Maurepas est vraiment coupable s'il vous propose M. Amelot (pour
remplacer Malesherbes), ou du moins que sa faiblesse vous serait aussi funeste qu'un crime volon-
taire....

« Quoi qu'il en soit, Sire, il m'est si démontré que
je ne pourrai pas rester seul et isolé, comme je le
suis, que quand mon devoir ne m'obligerait pas à
vous dire toute la vérité, je ne pourrais avoir aucun
intérêt à vous la taire. Si je vous déplais en vous la
disant, je supplie Votre Majesté de me le dire ou
de me l'écrire. Je ne veux point altérer votre confiance en M. de Maurepas ; il la mérite à beaucoup

d'égards, par son expérience, par ses lumières, par sa grande habitude des affaires, par sa prodigieuse mémoire, par son amabilité, par son attachement réel au bien et à votre personne.

« Mais, Sire, en êtes-vous à savoir à quel point M. de Maurepas est faible de caractère, à quel point il est dominé par les idées de ceux qui le voient. Tout le monde sait que Mme de Maurepas, qui a infiniment moins d'esprit, mais beaucoup plus de caractère, lui inspire habituellement toutes ses volontés. Les opinions publiques font aussi sur lui une impression incroyable pour un homme d'esprit, qui, avec ses lumières, doit avoir une opinion par lui-même. Je l'ai vu changer dix fois d'idées sur le lit de justice, suivant qu'il voyait ou M. le garde des sceaux, ou M. Albert, lieutenant de police, ou moi. C'est cette malheureuse incertitude, dont le Parlement était fidèlement instruit, qui a tant prolongé la résistance de ce corps. Si l'abbé de Very n'avait pas contribué à fortifier son ami, je ne serais point étonné qu'il eût tout abandonné et conseillé à Votre Majesté de céder au Parlement. C'est cette faiblesse qui lui fait adopter avec tant de facilité les cris des gens de la cour contre moi ; c'est elle qui m'ôte presque toute force dans mon département....

« N'oubliez jamais, Sire, que c'est la faiblesse qui a mis la tête de Charles Ier sur un billot ; c'est la faiblesse qui a rendu Charles IX cruel ; c'est elle qui a formé la ligue sous Henri III, qui a fait de Louis XIII, qui fait aujourd'hui du roi de Portugal,

des esclaves couronnés, c'est elle qui a fait tous les
malheurs du dernier règne.

« On vous croit faible, Sire, et il est des occasions
où j'ai craint que votre caractère n'eût ce défaut ; je
vous ai pourtant vu, dans d'autres circonstances
plus délicates, montrer un vrai courage.

« Vous l'avez dit, Sire, l'expérience vous manque ;
vous avez besoin d'un guide. Il faut à ce guide
lumière et force. M. de Maurepas a la première de
ces qualités, et il ne peut avoir la seconde s'il n'a
lui-même un appui. Il ne le sent pas, il le craint
même ; je le vois par le choix qu'il a en vue et par
le peu d'efforts qu'il a faits pour vous déterminer en
faveur de l'abbé de Very. Je vois qu'il craint précisément ce qui lui donnerait de la force. Il ne sent pas
qu'après m'avoir isolé, après avoir dégoûté Votre
Majesté de moi, et m'avoir forcé à vous quitter, tout
l'orage dirigé maintenant contre moi viendra fondre
sur lui, et qu'il finira par succomber en entraînant
dans sa chute votre autorité, ou peut-être après l'avoir
perdue.... Voilà, Sire, où vous en êtes ; un ministère
faible et peu uni, tous les esprits en fermentation,
les parlements ligués avec toutes les cabales, enhardis
par une faiblesse notoire (Votre Majesté a vu, dans
une lettre que je lui ai confiée, l'expression bien
naïve de leurs pensées), des revenus au-dessous de
la dépense, la plus grande résistance à une économie
indispensable, nul ensemble, nulle fixité dans les
plans, nul secret dans les résolutions de vos conseils ;
et c'est dans ces circonstances qu'on propose à Votre

Majesté un homme sans talent, qui n'a d'autre mérite
que la docilité à qui? non pas à celui de vos ministres
qui montre quelque force dans le ministère, mais à
M. le garde des sceaux, qui, par ses insinuations,
augmente encore les dispositions à la faiblesse. C'est
dans ces circonstances que Votre Majesté peut n'être
pas frappée des dangers que je lui ai montrés avec
tant d'évidence!

« En vérité, Sire, je ne vous conçois pas; on a eu
beau vous dire que j'étais une tête chaude ou chimérique, il me semble cependant que tout ce que je
vous dis ne ressemble pas aux propos d'un fou. Il
me semble même que les opérations que j'ai faites,
malgré les cris, malgré les résistances qu'elles ont
éprouvées, ont réussi précisément comme je les avais
anoncées, et, si je ne suis pas un fou, si les dangers
que je vous ai fait voir ont quelque chose de réel,
Votre Majesté ne peut pas, sans se manquer à elle-
même, s'y livrer par complaisance pour M. de Maurepas....

« Je vous supplie de réfléchir encore avant de vous
déterminer à un choix qui sera mauvais en lui-même
et funeste par les suites.... Si enfin j'ai le malheur
que cette lettre-ci m'attire la disgrâce de Votre
Majesté, je la supplie de m'en instruire elle-même.
Dans tous les cas je compte sur son secret. »

Le roi ne répondit pas plus à cette lettre qu'aux
premières du même genre que Turgot lui avait écrites
le même jour ou les jours précédents. Il lui fallait
choisir entre Maurepas et Turgot, et son choix était

fait d'avance. Il ne pouvait pas être ramené par le dernier effort que faisait Turgot en lui écrivant avec tant de rudesse. Loin de là! Il a dû même y voir une tentative pour s'emparer de sa volonté et pour gouverner en le mettant lui-même, pour ainsi dire, en dehors du gouvernement.

Le 30 avril, le jour même où il faisait remettre au roi, sans doute par M. d'Angivilliers, cette quatrième et dernière lettre, Turgot écrivait à Very sans lui parler encore de la démarche suprême qu'il venait de tenter, et le priait de venir à Paris pour agir sur l'esprit de son vieil ami Maurepas et le porter à choisir le successeur de Malesherbes parmi les amis des réformes. Dix jours plus tard, le 10 mai, il lui écrivait que tout était consommé et que le successeur de Malesherbes était bel et bien Amelot.

Il espérait cependant avoir encore le temps de rédiger un plan pour réformer la maison du roi. « Le plan ne sera sûrement pas adopté et je demanderai ma liberté. »

Le lendemain, 11 mai 1776, nouvelle lettre : « Le marquis de Noailles est ambassadeur en Angleterre, M. de la Vauguyon en Hollande, M. de Guines a le brevet de duc, par conséquent blanc comme neige. »

Enfin, le 12 mai, son collègue Bertin lui remettait de la part du roi l'ordre de résigner ses fonctions. Maurepas lui écrivait : « Si j'avais été libre, Monsieur, de suivre mon premier mouvement, j'aurais été chez vous. Des ordres supérieurs m'en ont empêché; je vous supplie d'être persuadé de toute la part que je prends à votre situation. » Turgot, en lui répondant, commence sa lettre par ces mots : « Je reçois, Monsieur, la lettre que vous m'avez fait l'honneur de m'écrire ; je ne doute pas de la part que vous avez prise à l'événement du jour, et j'en ai la reconnaissance que je dois ». Le surlendemain, 14 mai, il écrivait à Very : « Votre vieil ami m'a fait renvoyer sans attendre que je demandasse ma retraite ».

Le 18 mai, après en avoir fait demander la permission au roi, Turgot lui écrivit une lettre, que Dupont de Nemours a publiée et qui forme un digne pendant à celle par laquelle il acceptait, deux ans auparavant, la place de contrôleur général. Il y fait allusion aux quatre lettres secrètes dont nous avons parlé. « La démarche que j'ai faite et qui paraît vous avoir déplu, vous a prouvé qu'aucun motif ne pouvait m'attacher à ma place, car je ne pouvais ignorer le risque que je courais, et je ne m'y serais pas exposé si j'avais préféré ma fortune à mon devoir. Vous avez vu aussi, dans mes lettres, combien il m'était impossible de servir utilement dans cette place, et par conséquent d'y rester, si vous m'y laissiez seul et sans secours. »

En parlant de « sa démarche », on a cru que Turgot faisait une allusion à son intervention dans l'affaire du comte de Guines, mais il ne peut plus aujourd'hui rester aucun doute ; la démarche qui a déplu, c'est la correspondance. L'envoi des quatre lettres avait profondément blessé le roi.

Turgot se retira aussitôt après sa disgrâce chez

la duchesse d'Enville au château de la Roche-Guyon ;
puis il rentra à Paris. Il passa les cinq années qui lui
restaient à vivre, dans l'étude des sciences et la culture des lettres. Le reproche universel qu'on lui
adressait d'avoir perdu son influence par la raideur
de son caractère [1], en un mot « par sa maladresse »,
l'affectait beaucoup. Il en parla au docteur Price
dans la grande lettre qu'il lui écrivit le 22 mars 1778.

« Je vous dois un double remerciement, dit-il,
1° de votre ouvrage… ; 2° de l'honnêteté que vous
avez eue de retrancher l'imputation de maladresse
que vous aviez mêlée au bien que vous disiez d'ailleurs de moi dans vos observations additionnelles.
J'aurais pu la mériter, si vous n'aviez eu en vue
d'autre maladresse que celle de n'avoir pas su
démêler les ressorts d'intrigues que faisaient jouer
contre moi des gens beaucoup plus adroits en ce
genre que je ne le suis, que je ne le serai jamais et
que je ne veux l'être. Mais il m'a paru que vous m'im-
putiez la maladresse d'avoir choqué grossièrement
l'opinion générale de ma nation, et à cet égard je
crois que vous n'aviez rendu justice ni à moi ni à

1. « Mon cher et illustre philosophe, je suis chargé de vous
faire tenir l'exemplaire ci-joint des fameux édits de M. Turgot. Vous les connaissez, et par conséquent vous l'estimez.
Vous savez sa chute, et vous nous plaindrez, car quoiqu'il
ne connût pas assez le monde et les affaires, qu'il eût dans
son opinion une opiniâtreté et une froidure peu propres à
les faire adopter, qu'il crût beaucoup trop aisé de renverser
toutes les choses établies et de choquer tous les préjugés
reçus pourvu qu'on ait raison, cependant il n'a été nullement
regretté ». (Lettre de Suard à Hume, 28 mai 1776).

ma nation, où il y a beaucoup plus de lumière qu'on
ne le croit généralement chez vous, et où peut-être
il est plus aisé que chez vous-même de ramener le
public à des idées raisonnables. »

L'opinion qu'avait exprimée le docteur Price passait alors pour une sorte d'axiome. Jusqu'à sa mort
et au delà, Turgot a été considéré comme ayant
échoué faute d'avoir su se dominer et pour n'avoir
pas su conquérir, en raison des aspérités de son
caractère, la bienveillance de ceux dont il avait
besoin pour réussir.

Ce jugement, quoiqu'il ait été rendu pour ainsi
dire à l'unanimité par les contemporains de Turgot,
doit être revisé par la génération issue de la Révolution, parce que les collaborateurs et les amis, les
adversaires et les ennemis du grand ministre, ont
confondu sa cause personnelle avec celle de ses doctrines, et ne se sont pas aperçus que les fautes de
caractère qu'on lui impute et qui ont amené sa
chute, ont été, quinze ans plus tard, une des principales raisons du triomphe définitif de ses idées.

On sait aujourd'hui, pour avoir pratiqué pendant
de longues années les gouvernements d'opinion, que
le renversement d'un ministre sur une question
de principe a le plus souvent pour conséquence
de créer un parti qui relève son programme et de
donner à ce parti la force de réaliser plus tard,
quand les circonstances sont devenues plus favorables, les réformes qui avaient paru compromises
par la chute même du ministre.

La démocratie, qui a fait la Révolution française, n'a certainement pas eu besoin de se rappeler Turgot pour détruire les privilèges et pour passer son niveau égalitaire sur la société française; mais elle a été, on ne saurait en disconvenir, influencée au plus haut degré par le souvenir de Turgot dans toutes les questions économiques et financières et surtout le jour où elle a consacré le principe de la liberté du travail, qui contrariait les aspirations de certains de ses chefs et dont il paraissait à quelques-uns qu'on pouvait se passer sans renier son amour pour l'égalité.

Après être sorti des affaires, Turgot se consacra presque tout entier d'abord à l'Académie des inscriptions et belles-lettres, qu'il présida comme vice-directeur en 1777, et ensuite aux études littéraires qui l'avaient passionné dans sa jeunesse. Il avait beaucoup d'amis, il aimait à les voir, quoiqu'ils fussent les « larrons de son temps », comme il disait après Bacon. Il recherchait avec avidité les livres de science qui paraissaient dans toute l'Europe. Il faisait de la haute géométrie avec l'abbé Bossut, de la chimie avec Lavoisier et de l'astronomie avec Rochon. Condorcet le tenait au courant de tout ce qui se passait à l'Académie des sciences.

Quand Franklin vint à Paris, à la fin de 1776, il le vit fréquemment; il s'entretint avec lui de la constitution des différents États américains. Il écrivit même exprès pour lui un mémoire sur les impôts de consommation. Il fit aussi passer un jour à Sar-

tine, sans la signer, une note sur le troisième
voyage de découvertes du capitaine Cook, proposant
qu'on assimilât son bâtiment à ceux des puissances
neutres. « Le capitaine Cook, disait-il, est vraisem-
blablement en chemin pour revenir en Europe.
Son expédition n'ayant pour but que les progrès des
connaissances humaines, intéressant par conséquent
toutes les nations, il est digne de la magnanimité
du roi de ne pas permettre que le succès en puisse
être compromis par les hasards de la guerre. »
Sartine fit approuver cette note par le roi, mais ni
le roi ni Sartine n'ont jamais su que l'idée géné-
reuse à laquelle ils se sont associés, émanait du
ministre en disgrâce.

Pendant les premiers temps de sa retraite, Turgot
souffrait avec beaucoup d'impatience qu'on revînt
sur les belles réformes qu'il avait entreprises. En
apprenant qu'il était question d'abroger ses édits
sur la suppression des jurandes et des corvées, il
voulut écrire à Maurepas. Il commença même une
lettre, mais il ne l'a pas achevée. Pouvait-il espérer
qu'on écouterait encore celui qu'on avait éloigné
du pouvoir pour ne pas être fatigué de ses plai-
doyers en faveur des réformes? La lettre inachevée a
été retrouvée dans ses papiers; elle est à Lantheuil.

« Malgré tout ce que j'avais entendu dire, Monsieur, depuis mon éloignement du ministère, du
projet qu'on vous attribuait, d'engager le roi à
revenir sur la suppression des corvées et sur celle
des jurandes, je n'avais jamais pu me persuader que

vous persistassiez à vouloir le réaliser. Il m'est incon-
cevable que vous ayez seulement pu en avoir l'idée;
il n'y a cependant plus moyen de douter que vous
n'ayez déjà consulté le Parlement sur les nouveaux
édits qui doivent révoquer ceux qui ont fait l'objet
du dernier lit de justice. Il vous paraîtra certainement étrange que j'imagine de vous écrire à cette
occasion; ce (n'est) pas de moi que vous attendez
des conseils et je ne dois pas présumer que les miens
vous fassent changer d'avis; les réflexions même que
j'ai à vous présenter sont si simples, si grossièrement
évidentes qu'il paraît moralement impossible
qu'elles ne (se) soient pas présentées à vous; mais
plus elles sont naturelles et palpables, plus elles sont
conformes à la façon de penser que je vous ai toujours connue, plus je dois croire que quelque motif
extraordinaire vous a fait fermer les yeux à leur évidence. Je veux donc essayer de vous rappeler à
vous-même, à ce que vous avez mille fois pensé et
dit, à ce que vous devez au public, au roi, à votre
propre réputation, d'opposer votre conscience à la
passion, qui, permettez-moi de vous le dire, vous
déguise jusqu'à votre propre intérêt. Pardonnez-moi
cette franchise, Monsieur; mon intention n'est point
de vous blesser par des vérités dures; mais vous me
connaissez assez pour juger que je ne puis voir sans
un sentiment très douloureux détruire un très grand
bien auquel j'avais eu le bonheur de contribuer, que
la volonté du roi avait soutenu contre les obstacles
qu'on y avait opposés, et que je devais croire solide-

ment affermi. Je suis sensible sans doute à cet intérêt ; j'ose l'être encore à l'honneur du roi, qui peut
être compromis par un changement si prompt, et
qui doit m'être cher, comme citoyen et comme ayant
eu part à sa confiance et à ses bontés. »

La lettre se terminait là, et n'a point été conti-
nuée. Turgot eut la douleur de voir supprimer ses
édits. S'il avait vécu dix ans de plus, il aurait eu
la joie de les voir de nouveau et pour toujours
reprendre leur place dans le code de nos lois ; mais
sa santé était chancelante et ses attaques de goutte
se renouvelaient incessamment. Il n'avait plus que
quelques mois à vivre. La poésie occupa ses derniers jours. Il avait terminé sa traduction du quatrième chant de l'*Énéide* en vers métriques. Il faisait
en vers rimés des traductions d'Horace. Dupont de
Nemours raconte que pendant sa dernière maladie
Turgot lui dicta la traduction en vers de l'ode
Æquam memento.

> Un même torrent nous entraîne ;
> Un même gouffre nous attend.
> Nos noms jetés confusément
> S'agitent dans l'urne incertaine.
> Tôt ou tard le sort les amène
> Et désigne à chacun son tour,
> Pour passer l'onde souterraine
> Dont le voyage est sans retour.

Turgot mourut à Paris le 18 mars 1781 avec la
fermeté d'âme d'un homme dont Malesherbes a pu
dire qu'il avait le cœur de l'Hôpital et la tête de
Bacon. Il fut inhumé d'abord dans l'église des Incu-

rables, rue de Sèvres; c'est M. de Neymarck qui le
dit; mais son cercueil fut porté ensuite dans le cimetière de Bons, en Normandie.

Une tradition conservée dans sa famille nous a
appris qu'en 1793, lors de la réquisition des plombs,
son cercueil fut tiré du tombeau et ouvert pour en
enlever la caisse de plomb. Plusieurs de ceux qui
avaient été chargés de cette opération avaient connu
Turgot. Ils furent effrayés de le trouver dans un
état parfait de conservation et de voir ses traits
comme si, vivant, il leur reprochait de troubler son
repos. A cette vue, ils laissèrent l'ouvrage inachevé
et s'enfuirent. La municipalité fit remettre hâtive,
ment le cercueil dans une fosse, mais on n'a pas
marqué la place où il fut enterré. Tout ce qu'on sait
aujourd'hui, c'est que les restes de Turgot gisent
dans un coin ignoré de ce petit cimetière de campagne.

CHAPITRE VIII

RÉACTION ÉCONOMIQUE ET POLITIQUE APRÈS LA MORT DE
TURGOT — TRIOMPHE DÉFINITIF EN 1789 — NOUVELLES
RÉACTIONS SOUS L'EMPIRE, LA RESTAURATION, LA RÉPUBLIQUE
DE FÉVRIER ET LA RÉPUBLIQUE DE 1871 AU NOM DE L'ORGA-
NISATION DU TRAVAIL D'ABORD ET PLUS TARD AU NOM DE
LA LIBERTÉ D'ASSOCIATION — ÉCOLE RADICALE SOCIALISTE
— ÉCOLE ÉCONOMIQUE CATHOLIQUE.

Turgot n'aurait pu réussir que par l'autorité du
roi, et les concessions que, dans un esprit de conciliation, un ministre plus souple que lui aurait pu
faire à la Cour ou au Parlement, n'auraient eu aucun
effet utile sur le succès ultérieur de son entreprise.

L'ancien régime, après les transformations lentes
dont il avait été l'objet, consistait au xviiie siècle,
dans un despotisme tempéré par les privilèges dont
jouissaient certains corps, comme la noblesse, le
clergé, la magistrature, l'armée, les communautés
de marchands, etc. La destruction de ces privilèges et le remplacement des garanties particulières
qu'ils assuraient à un certain nombre d'individus,
par une garantie générale donnée à toute la nation,

tel était le but que poursuivait Turgot. « La cause
du mal, Sire, disait-il au roi dans son Mémoire sur
les municipalités, vient de ce que votre nation n'a
pas de constitution; vous pourriez gouverner comme
Dieu, par des lois générales. »

Seule une révolution, c'est-à-dire le renversement du régime, pouvait réaliser ce progrès, et cette
révolution n'aurait pu s'accomplir sans violence que
si les deux puissances, les deux principes actifs du
régime ou l'un des deux, le roi et les privilégiés,
eussent consenti à l'entreprendre. Turgot ne pouvait pas compter sur les privilégiés, qui étaient bien
loin à cette époque de penser à une nuit quelconque
du 4 Août, qui se croyaient très forts et n'avaient
aucune envie de désarmer. Il n'avait par conséquent
de chance de succès que s'il persuadait au roi de se
mettre à la tête du mouvement et que s'il obtenait de
lui de s'y tenir avec fermeté. Mais si Louis XVI a eu
parfois le sentiment de ce qu'il pouvait oser dans
cet ordre d'idées, il n'a jamais eu la force de passer
du sentiment à l'action.

Turgot aurait-il pu venir à bout des hésitations du
roi s'il avait ménagé les personnages de la Cour et
du Parlement, et s'il ne s'était pas successivement
brouillé avec tout le monde? Poser la question dans
ces termes, c'est en faire ressortir la contradiction.
Son objet était de changer un régime qui reposait
justement sur ceux-là mêmes qu'on prétend qu'il
aurait dû ménager. Les ménager, c'eût été leur
rendre en quelque sorte hommage et respecter leur

autorité, comme si elle eût été régulière : tandis qu'il voulait au contraire les détruire en tant qu'organes du gouvernement et les mettre hors d'état d'exercer, comme corps, une influence quelconque sur l'administration du royaume.

On s'est bien aperçu après la chute de Turgot de la raison qui inspirait, instinctivement ou non, la résistance des privilégiés à ses réformes. La réaction qui s'est produite ne s'est pas bornée à l'abrogation des édits qui venaient d'être enregistrés en lit de justice; elle a poursuivi en même temps un but politique général, qui était de consolider le régime et d'en tirer les conséquences les plus extrêmes. Necker, après avoir servi la réaction, a été emporté par elle, comme devait l'être plus tard Calonne. La constitution de l'État, refaite avec patience par le Parlement et la noblesse, prenait une forme de plus en plus tangible. La monarchie française dégénérait en une oligarchie de privilégiés, maîtres de la couronne et assez puissants pour empêcher le roi de jouer, même s'il en avait eu le désir, son rôle de protecteur du peuple contre les empiétements des grands.

Rien n'est plus affligeant ni plus extraordinaire en même temps, que la réaction qui s'est produite après le premier ministère de Necker. Jamais l'esprit de privilège ne s'est montré plus exigeant qu'en 1781. Les roturiers avaient pu jusque-là figurer dans les cadres d'officiers, et bon nombre d'entre eux sous Louis XIV, sous Louis XV et même dans les

premières années du règne de Louis XVI avaient
tenu une grande place dans l'état-major de l'armée
française. Le règlement de 1781 sur les grades dans
l'armée est plus rigoureux que tous les règlements
antérieurs. Quiconque à l'avenir voulait prétendre
au grade d'officier, soit dans l'infanterie, soit dans la
cavalerie, était tenu de faire la preuve de quatre
degrés de noblesse.

« Au lieu de céder doucement à l'action du temps,
à l'influence des lumières, écrivait Sieyès en 1788
dans sa fameuse brochure, la noblesse se raidit
contre elles. Elle prétend ne rien perdre de ses privilèges : que dis-je! elle les accroît.... Tout récem-
ment ils ont, sans autre façon, fait cadeau pour toujours à la noblesse des places de conseillers et de
présidents. » Joly de Fleury, le successeur de Necker, poussa jusqu'aux dernières limites l'étroitesse
de l'esprit réactionnaire. Dans une note qui accom-
pagne sa traduction de Marc-Aurèle il trouve étrange
qu'on n'ait pas encore fait la plus utile de toutes
les lois. « C'eût été d'ordonner aux hommes, sous
les peines les plus sévères, de contenir dans de justes
bornes leur curiosité naturelle et de leur défendre
de parler et d'écrire sur des choses qui passent la
portée de leur intelligence. »

Ceux qui ont entendu Turgot, qui ont été ses
amis, ses collaborateurs, qui ont été mis en disgrâce
avec lui pour l'avoir servi dans son ministère, peuvent en 1784 et en 1786, trois et cinq ans seulement après sa mort, lire un arrêt du parlement de

Paris qui défendait de moissonner les blés à la faux
— ceci pour l'agriculture, — tandis que pour l'industrie, on ordonnait que la longueur des mouchoirs
qui se fabriquent dans le royaume fût précisément
égale à leur largeur. Réaction dans l'armée, dans la
magistrature, dans l'industrie, réaction même dans
l'application des droits féodaux des seigneurs : on
marchait au précipice avec une rapidité vertigi-
neuse.

La réaction ne pouvait pourtant pas suffire à tout,
renforcer les privilèges et remplir les coffres du
Trésor, ruiner le tiers état en l'opprimant et en
tirer de quoi suffire au développement de tous les
abus, ouvrir largement aux favoris la caisse des pen-
sions et ramener la dépense au-dessous de la recette.
Calonne, tout aimable et tout habile qu'il fut, n'était
pas en état de sortir le royaume du gouffre où il
s'effondrait. Cet homme instruit, agréable, plein de
ressources et de mœurs faciles, se décida enfin à
revenir aux réformes financières de Necker et aux
réformes économiques de Turgot. Son projet procé-
dait, cela est certain, des deux ministres qui avaient
voulu mettre de l'ordre dans le désordre de l'ancien
régime, et c'est pour nous une recommandation; il
faut lui en savoir beaucoup de gré. « Mais c'est du
Necker tout pur que vous m'apportez », lui avait dit
le roi en l'écoutant. Louis XVI aurait pu ajouter que
c'était aussi du Turgot.

La subvention territoriale de Calonne, qui attei-
gnait tous les propriétaires et toutes les propriétés

sans exception ni privilège, n'était autre chose que l'impôt foncier dont Turgot poursuivait l'étude au moment où il a été congédié et qui devait faire l'objet de sa plus prochaine réforme. C'était aussi du Malesherbes, s'il est vrai que Malesherbes soit l'auteur du mémoire déposé aux Archives où il est dit, en parlant de la nécessité de soumettre les privilégiés à l'impôt : « Cette vérité si évidente a été sentie par tous les administrateurs. Elle l'aurait été par la nation tout entière si la nation avait été admise à connaître et à discuter ses propres intérêts. » Calonne montrait à la nation la vérité toute nue, et par la convocation des notables il préparait l'appel « à la nation tout entière pour discuter ses propres intérêts ». Mais si Calonne a eu les idées de Turgot et l'habileté de Maurepas, s'il a réuni tout à la fois les vertus qui sauvent et les vices qui plaisent, s'il a été de la cour sans être pour cela moins philosophe, moins économiste, moins homme d'État, pourquoi n'a-t-il pas réussi là où Turgot avait échoué? Et si on peut dire de lui qu'il a été le fidèle portrait du Turgot qu'on reproche au grand ministre de n'avoir pas été; s'il a eu ce qui manquait à son illustre prédécesseur au dire de ceux qui blâment dans Turgot son caractère trop ferme et sa hauteur trop méprisante, pourquoi n'a-t-il pas mérité de recevoir de la postérité tous les éloges qu'on accorde à Turgot augmentés de tous ceux qu'on lui refuse? La raison en est facile à trouver : c'est que la Révolution ne pouvait pas être évitée par des compromis

avec les privilégiés, que les compromis vinssent de
Calonne ou de Turgot. L'histoire est là pour en
fournir la preuve. Turgot aurait perdu à être un
Calonne, et Calonne n'a rien gagné pour avoir voulu
être un Turgot.

Dans la nuit du 4 Août, l'Assemblée nationale
décréta la réformation des jurandes. L'apothéose
de Turgot commençait. Son fidèle ami, Dupont de
Nemours, devenait l'inspirateur du comité des finances et rédigeait l'adresse aux Français sur les contributions directes. Ce qui domine le système financier
de la Révolution tel que Dupont de Nemours en a
donné le programme et tel qu'il est sorti des délibérations de l'Assemblée nationale, c'est bien l'idée
de Turgot : que l'impôt doit être réel, ne porter en
conséquence que sur les richesses visibles et ne
donner ouverture à aucun acte arbitraire dans le recouvrement.

L'article 7 de la loi de 1791 remet en quelque sorte
en vigueur l'édit même de Turgot sur les jurandes;
il en reproduit presque toutes les expressions : « A
compter du 1er avril prochain, il sera libre à tout
citoyen d'exercer telle profession, art ou métier qu'il
trouvera bon, après s'être pourvu d'une patente et
en se conformant aux règlements qui pourraient être
faits. » Enfin l'article 1er du décret des 14-17 juin
1791 condamne définitivement l'ancien régime de
l'industrie. « L'anéantissement de toutes les espèces
de corporations de citoyens de même état et profession, étant une des bases fondamentales de la consti-

tution française, il est défendu de les rétablir de fait, sous quelque prétexte et quelque forme que ce soit. » Cependant on pouvait apercevoir déjà le germe du dissentiment qui devait bientôt se faire jour entre les réformateurs, les uns dévoués à la liberté, l'accordant à leurs adversaires comme ils se l'assuraient à eux-mêmes, les autres portés à défendre les droits de l'État jusqu'à l'oppression des individus : les libéraux et les jacobins. « On allait voir d'autres révolutionnaires, dit Louis Blanc, donner de la liberté, telle que la comprenaient les révolutionnaires de 89, une définition nouvelle. A ceux-là nous entendrons dire : La liberté consiste non dans le *droit*, mais dans le *pouvoir* accordé à l'homme d'exercer, de développer ses facultés sous l'empire de la justice et la sauvegarde de la loi. »

Marat prit dans son journal, *l'Ami du peuple,* la défense des corps de métiers. « Rien de mieux sans doute, écrivait-il le 16 mars 1791, que d'affranchir les citoyens des entraves qui s'opposent au développement des talents et qui retiennent les infortunés dans l'indigence. Mais je ne sais pas si cette liberté plénière, cette dispense de tout apprentissage, tout noviciat, pour exercer tel ou tel métier, telle ou telle profession, est bien vue politiquement.... Le premier effet de ces décrets insensés est d'appauvrir l'État en faisant tomber la manufacture et le commerce; le second effet est de ruiner le consommateur en dépenses éternelles.... Dans chaque État qui n'a pas la gloire pour mobile, si du désir de faire fortune

on ôte le désir d'établir sa réputation, adieu la bonne
foi ; bientôt toute profession, tout trafic dégénérera
en friponnerie. Comme il ne s'agit plus alors que de
placer ses ouvrages et ses marchandises, il suffit de
leur donner certain coup d'œil attrayant et de les
tenir à bas prix sans s'embarrasser du solide et du
bien fini.... Et comme ils n'ont alors ni mérite ni
solidité, ils doivent donc dégénérer en savetage et
déterminer le consommateur, à son aise, à se pourvoir à l'étranger. »

Louis Blanc se met à un autre point de vue; il
voit, dans l'œuvre de Turgot reprise par les con-
stituants de 1789, le triomphe de l'individualisme
contre la fraternité.

« Il faut tout dire, écrit-il dans son *Histoire de
la Révolution française* : Turgot proclama, il le proclama en termes magnifiques, le droit de travailler.
Ce sera dans l'avenir un de ses titres d'honneur.
Ne vous y trompez pas, toutefois : Turgot n'alla
jamais jusqu'à reconnaître le droit au travail. Il voulait bien qu'on laissât les pauvres libres de développer leurs facultés, mais il n'admettait pas que la
société leur dût les moyens d'y parvenir. Il enten-
dait bien qu'on supprimât les obstacles qui peuvent
naître de l'action de l'autorité, mais il n'imposait pas
à l'État l'obligation de servir de tuteur aux pauvres,
aux faibles, aux ignorants.... Que servait de crier au
prolétaire : « Tu as le droit de travailler », quand il
avait à répondre : « Comment voulez-vous que je pro-
« fite de ce droit? » L'école de la prétendue fraternité

reprochait à Turgot d'avoir cru d'abord que détruire les obstacles et puis laisser faire, c'était tout le gouvernement, et de n'avoir trouvé ensuite de garantie contre le monopole que dans l'isolement.

Ce qui empêchait cependant les révolutionnaires de revenir aux corporations et ce qui les a forcés de maintenir l'œuvre de Turgot malgré Marat, malgré tant d'autres, c'est qu'ils voyaient bien que les corporations renfermaient en elles-mêmes un principe d'exclusion et d'oppression, et que si par l'association corporative ils pouvaient constituer une sorte de famille, c'était une famille exclusive, qui n'admettait pas dans son sein tous ceux qui avaient besoin de travailler.

Napoléon ne devait pas avoir de ces scrupules. Aussi, sous le Consulat, y eut-il un retour offensif bien plus caractérisé en faveur des corporations. Le Conseil d'État fut saisi d'un grand nombre de mémoires en faveur du rétablissement des corps de métiers. Regnaud-de-Saint-Jean-d'Angély se fit l'avocat des jurandes.

Sous la Restauration, les partisans du rétablissement des corporations reprirent courage. En 1817, un avocat, nommé Levacher-Duplessis, qui prétendait agir au nom « de trente-quatre professions commerciales et industrielles », présenta une requête au roi sur la nécessité de rétablir les corps de marchands et les communautés d'arts et métiers. Cette requête reproduisait les arguments du Parlement de 1776, et l'on y parlait de Turgot à la façon de l'avocat général Séguier et dans un style d'ailleurs assez étrange.

Turgot était « né avec un caractère inflexible et absolu; ses opinions, qui en avaient pris la teinte, étaient dégénérées en esprit sectaire ». Les corporations qu'il avait détruites avaient été reconstituées après sa disgrâce; leurs abus, disait-on, avaient disparu, et elles avaient rendu au commerce et à l'industrie les plus grands services. C'est à ces corporations sagement réglées que Levacher et les marchands de Paris demandaient qu'on revînt. Il faut « opposer des obstacles à cette manie mercantile qui précipite dans la carrière de l'industrie une foule d'aventuriers qui la déshonorent ». La Chambre de commerce de Paris, saisie de cette requête, l'examina et, restant fidèle à l'opinion qu'elle avait exprimée plusieurs fois, maintint sa première délibération, « Le temps et la réflexion n'ayant fait que fortifier à cet égard l'opinion de la Chambre ». En 1821, nouvelle pétition, nouvelle délibération de la Chambre de commerce, affirmation des convictions inébranlables de ses membres.

« La Chambre, délibérant sur cette communication... et considérant... en outre que les progrès immenses de l'industrie française depuis l'époque où elle a été affranchie du monopole des maîtrises avertissent suffisamment du danger des innovations que l'on voudrait introduire dans la législation actuelle,... s'élève, comme l'ont fait ses prédécesseurs et à la même unanimité, contre l'écrit adressé aux deux Chambres. »

En février 1848 les corporations reprirent faveur. Ceux qui proclamaient le droit au travail et dont la doctrine se résumait dans la formule de l'organisation du travail, parurent être un moment les maîtres du pouvoir; mais ils effrayèrent la nation, et leurs idées périrent dans les journées de Juin.

Ainsi les doctrines de Turgot avaient traversé, sans être atteintes, les époques les plus dangereuses pour les idées économiques libérales : la Convention, l'Empire, la Restauration, la révolution de Février. Napoléon aurait voulu faire, des corporations reconstituées et placées sous sa main de fer, un instrument de police; il a fait rédiger un projet de loi dans ce sens, mais il a dû y renoncer. La Restauration avait rendu le courage à ceux qui déploraient le renversement des anciennes institutions de la France, et cependant elle n'a rien fait pour revenir à l'ancienne organisation de l'industrie. Toutes les tentatives avaient successivement échoué devant une indifférence générale, devant les soupçons que faisaient naître les prétentions de l'esprit de monopole qui ne satisfaisait un intérêt que parce qu'il menaçait tous les autres, et aussi devant les craintes d'une tyrannie populaire et révolutionnaire.

C'est à la lutte mémorable que Turgot avait soutenue en 1776 que la France moderne a dû d'échapper à la réaction contre l'affranchissement du travail.

Le coup frappé par Turgot avait été mortel pour les corporations. Le rétablissement qu'on en avait fait après sa disgrâce avait été incomplet, en ce sens

que les anciennes communautés n'avaient pas été
restaurées et qu'on avait simplement autorisé ou
prescrit la formation de nouvelles associations.
L'esprit de corps avait été brisé en elles. Il n'a pu
se réveiller ni sous Necker, ni sous la Révolution, ni
sous l'Empire, ni sous la Restauration.

Si l'égalité entre les citoyens, l'admissibilité à
tous les emplois, l'abolition de toutes les distinctions
sociales doivent être considérées comme la conséquence nécessaire de la Révolution française dans
les conditions où elle a fait explosion, et si ces con-
quêtes démocratiques constituent en quelque sorte
ce qu'on a appelé le régime moderne, il n'en est
peut-être pas de même d'un système d'intervention
dans le travail, dans l'industrie ou dans le commerce qui procéderait par des lois générales et n'at-
tacherait pas à des corps exclusifs une protection
qui autrement aurait paru restaurer un privilège
de l'ancien régime. En étendant et en appliquant
cette protection à des corps ouverts, on aurait peut-
être pu la rendre acceptable à ces innombrables
agents inconnus de la Révolution, qui n'ont jamais
eu d'autre passion que celle de l'égalité et pour lesquels la liberté comportait le plus souvent le droit
de la refuser à leurs adversaires.

On peut donc croire que ce n'était pas par principe, mais par un sentiment qui leur était propre,
provenant de leur éducation, et qu'ils pouvaient
très bien ne pas transmettre à leurs successeurs,
que les hommes d'État de la Révolution ont préservé

notre pays des réactions tentées contre la liberté du travail, intronisée par Turgot dans notre pays en 1776. Ils étaient réellement encore sous l'influence personnelle de Turgot mort depuis plus de dix ans. C'est Turgot qui les faisait agir et qui était comme le directeur invisible de leur conscience économique.

CHAPITRE IX

CONCLUSION : DIFFICULTÉ DE CONCILIER LE PRINCIPE DE LA
LIBERTÉ DU TRAVAIL AVEC CELUI DE LA LIBERTÉ D'ASSOCIA-
TION — LETTRE DE TURGOT AU DOCTEUR PRICE

Il y a deux sortes d'écoles qui réclament aujour-
d'hui le rétablissement des corporations par l'application, sans restriction ni réserve, de la liberté
d'association : la première est l'école radicale socialiste, et la seconde, l'école économique catholique.

Ces deux écoles font intervenir l'État dans les
questions de travail, en étendant ses attributions
au delà de la limite que les économistes considèrent
comme naturelle ; mais l'école radicale socialiste est
plus portée à recommander les corporations fermées,
et l'école catholique les corporations ouvertes. Pour
l'une comme pour l'autre, Turgot est le grand en-
nemi. C'est lui qu'il faut abattre. Les uns lui repro-
chent d'avoir aboli les privilèges des ouvriers, les
autres de n'avoir pas respecté leur liberté.

L'école économique catholique française procède
du socialisme chrétien allemand, qui est né en Prusse
après 1848, et qui prétendait avoir trouvé la solu-

tion du problème social dans l'union de l'Église,
se manifestant sous mille formes de bienfaisance,
avec l'État pénétrant, par l'impôt et l'organisation
d'une quantité de services locaux, dans la vie intime
de la nation. Le socialisme chrétien allemand com-
battait avec autant d'ardeur l'école économique libérale d'Adam Smith et de J.-B. Say que l'école politique libérale qui d'Angleterre a répandu le système
du gouvernement parlementaire et représentatif sur
toute la surface de l'Europe.

Plusieurs branches en sont sorties. M. de Bismarck
prétend y rattacher le socialisme d'État. Il a dit un
jour au Reichstag : « Ce n'est pas du socialisme que
nous faisons, c'est, si vous le voulez, du christianisme
sans phrases; il s'agit de donner aux gens, non pas
des discours creux, mais quelque chose de réel ».

Les catholiques autrichiens s'en sont inspirés.
En 1875 la réunion populaire de la Basse-Autriche
déclarait dans une résolution solennelle que « la
question sociale ne pouvait être résolue que par
l'autonomie législative des corporations dans leurs
affaires propres et sous la protection d'un gouvernement chrétien ». Le prince de Lichtenstein, parlant
au nom du parti, a demandé et obtenu la reconstitution de corporations obligatoires pour la petite
industrie. La loi des petites industries a été votée
en 1883; mais on a remis à une autre loi la formation de corporations régionales pour les établisse-
ments de la grande industrie.

Les catholiques français sont entrés dans la même

voie que les catholiques autrichiens, et la longue
résidence du comte de Chambord en Autriche n'a
pas été étrangère à leur évolution. Il faut dire
cependant qu'ils ont fait un progrès incontestable si
on les compare aux catholiques d'Autriche. Les corporations dont ils demandent l'institution seraient
libres, ouvertes, ne comporteraient pas de monopole, et seraient constituées par une application très
large du droit d'association.

Le grand crime de Turgot à leur sens a été, non
pas d'avoir supprimé des associations anciennes
dans lesquelles s'étaient glissés évidemment beaucoup d'abus intolérables, mais d'avoir empêché la
reconstitution de nouvelles associations qu'on aurait
organisées sans esprit de monopole et uniquement
pour protéger ceux qui s'y seraient affiliés.

L'industrie familiale a péri, disent-ils, avec les corps
de métiers. La grande industrie, qui l'a remplacée,
est venue prendre possession du siècle, traînant après
elle un cortège de misère : le paupérisme, la grève,
la lutte des classes, la désorganisation de la famille
et le reste. Tout le mal est venu, ajoute-t-on, non
pas de l'abolition de corporations abusives et dégénérées, mais de l'oppression d'une loi jacobine, copiée sur l'article 14 de l'édit de Turgot : « Défendons
pareillement à tous maîtres, compagnons, ouvriers
et apprentis desdits corps et communautés, était-il
dit dans cet article quatorze, de former aucune association ni assemblée entre eux sous quelque prétexte
que ce puisse être. »

Quand on dit de l'industrie familiale qu'elle a péri parce que la liberté du travail a isolé l'ouvrier et parce qu'elle a permis aux patrons d'agrandir leurs ateliers, d'absorber tout le travail dans d'immenses usines et tout le commerce dans des magasins colossaux; quand on parle de ces extensions comme si elles étaient la cause de tous les malheurs de notre siècle, on exagère doublement : d'abord parce qu'on représente le XVIIIe siècle et son industrie familiale très inexactement et sous un jour beaucoup trop favorable; ensuite parce qu'on attribue en premier lieu à la liberté du travail des effets qu'elle n'a pas produits et en second lieu au temps présent des vices qui ne lui sont pas propres.

On peint le XVIIIe siècle comme s'il n'avait connu ni la misère, ni les luttes de classes, ni les difficultés ouvrières, ni les grèves; comme si la moralité des familles ouvrières y avait été très supérieure à celle des ouvriers de nos jours; comme si les ouvriers avaient toujours été des frères et les apprentis toujours des fils, pour les maîtres vertueux qui les employaient et qui n'étaient pas encore tourmentés de cette âpreté pour le gain qui caractériserait nos industriels modernes.

La vérité est que la condition des classes laborieuses, sous l'ancien régime, n'était ni plus heureuse ni plus morale qu'aujourd'hui. Il n'est pas douteux, pour ceux qui ont étudié l'histoire des ouvriers, que depuis un siècle les progrès de leur bien-être ont été immenses et que ceux de leur moralité, quoique moins rapides, sont loin d'avoir été nuls. Les ouvriers du xixᵉ siècle sont dans un état de prospérité beaucoup plus grand et dans un état de moralité sensiblement supérieur, et n'ont rien à envier, à ce point de vue, aux ouvriers du temps passé.

On dit que c'est la liberté du travail qui a désorganisé le travail de la famille et qui a fait naître la grande industrie : on se trompe. Il est vrai que l'industrie a cherché à suivre le mouvement des besoins, et que la liberté l'a mise en état d'y satisfaire. Elle a dû étudier, pour y arriver, les conditions du bon marché et s'y soumettre. Mais si l'industrie familiale a disparu, ce n'est pas du fait de la liberté du travail, c'est par l'impossibilité où elle s'est trouvée de produire à bon marché. Peut-on désirer la reconstitution de l'industrie familiale au prix d'un rehaussement factice dans la valeur de toutes les choses les plus nécessaires à l'existence, ajouté au relèvement naturel et progressif des charges d'une vie plus intensive? Si on ne reculait pas devant une semblable conséquence, est-il possible d'espérer qu'on pût y réussir? Évidemment il n'y faut pas songer. La réussite est impossible.

Toutes les discussions sur l'excès de la production, sur l'obligation qui s'impose aux industriels de travailler en grand pour diminuer sur chaque produit le poids des frais généraux, sont en réalité d'un autre ordre que les discussions économiques.

Leur objet véritable est l'accroissement des besoins, le goût du luxe, les progrès de la civilisation, les destinées de l'humanité.

Ceux qui regrettent les développements de la grande industrie, regrettent que l'humanité ait des besoins croissants. Ils voudraient l'arrêter dans cette voie et condamnent les moyens que l'industrie emploie pour satisfaire à l'accroissement des besoins.

Mais n'est-il pas oiseux de chercher à refaire l'espèce humaine, n'est-il pas utopique de croire qu'on peut refuser à l'humanité, parce qu'on les jugerait inutiles ou dangereuses pour la moralité, les satisfactions qu'elle exige? De pareilles discussions n'ont guère de valeur pratique; elles n'empêchent pas l'humanité de marcher en obéissant à des lois naturelles qu'on ne peut pas abroger dans une Chambre de députés. Les nouvelles écoles sont faibles quand elles s'en prennent à la liberté du travail, quand elles croient trouver dans la suppression de la liberté un remède aux difficultés ouvrières de notre temps. Elles risquent à chaque instant de tomber dans les utopies de l'organisation du travail, et il leur sera difficile d'y rallier l'esprit public sous un régime de discussion et de liberté politique. Elles sont plus fortes quand elles ne demandent que le droit commun et la liberté. Mais de quelle liberté s'agit-il? Ne faut-il pas prendre des précautions contre l'oppression possible des individus par des associations qui seraient libres de tout faire. Turgot ne considérait pas comme un serviteur éclairé de la liberté celui qui donnait le nom de liberté au droit de tout imposer aux autres pourvu que la majorité y consentît. C'est ce qu'il écrivait au docteur Price dans la lettre qu'il lui adressait le 22 mars 1778 :

« Comment se fait-il que vous soyez à peu près le premier parmi vos gens de lettres qui ayez donné des notions justes de la liberté et qui ayez fait sentir la fausseté de cette notion rebattue par presque tous les écrivains républicains, « que la liberté consiste « à n'être soumise qu'aux lois », comme si un homme opprimé par une loi injuste était libre. Cela ne serait pas même vrai quand on supposerait que toutes les lois sont l'ouvrage de la nation assemblée ; car enfin l'individu a aussi ses droits, que la nation ne peut lui ôter que par la violence et par un usage illégitime de la force générale. Quoique vous ayez eu égard à cette vérité, que vous vous en soyez expliqué, peut-être mériterait-elle que vous la développassiez avec plus d'étendue, vu le peu d'attention qu'y ont donné même les plus zélés partisans de la liberté. »

Il semble qu'on ne puisse finir de parler de Turgot plus dignement qu'en répétant ces nobles et coura-geuses paroles.

FIN

NOTE SUR LES ŒUVRES DE TURGOT

Quelques-unes seulement des œuvres de Turgot parurent de son vivant. De ce nombre sont ses *Réflexions sur la formation et la distribution des richesses* (1766, in-12) et son poème en vers métriques, qui fut tiré à peu d'exemplaires et distribué par lui à ses amis :

Didon, poème en vers métriques hexamètres, divisé en III chants, traduits du IVe livre de l'Énéide de Virgile, avec le commencement de l'Enéide et les IIe, VIIIe et X^e églogues du même (par Anne-Robert-Jacques Turgot), 1778, in-4 de 108 p. (reproduit dans l'édition des *Œuvres* publiée par Dupont de Nemours).

Les œuvres de Turgot ont été réunies après sa mort :

Œuvres de M. Turgot, ministre d'État, précédées et accompagnées de mémoires et de notes sur sa vie, son administration et ses ouvrages (avec cette épigraphe : Bonum virum facile crederes, magnum libenter. — Tacite). Paris, de l'imprimerie de A. Belin, 1809-1811, 9 volumes in-8º.

Œuvres de Turgot, nouvelle edition classée par ordre de matières, avec les notes de M. Dupont de Nemours, augmentée de lettres inédites, des questions sur le commerce et d'observations et de notes nouvelles par MM. Eugène Daire et Hippolyte Dussard et précédée d'une notice sur la vie et les ouvrages de Turgot, par M. Eugène Daire. Paris, Guillaumin, 1844, 2 volumes gr. in-8º.

Des parties de la correspondance de Turgot se trouvent dans diverses publications, et notamment dans les suivantes :

Correspondance inédite de Condorcet et de Turgot, 1770-1779, édition Ch. Henry. Paris, Charavay, 1882, 1 vol. in-8°.

Life and correspondence of David Hume, édition J. Hill Burton. Edimbourg, Blackwood, 1846, 2 volumes in-8°.

Letters of eminent persons addressed to David Hume; édition J. Hill Burton. Edimbourg et Londres, Blackwood, 1849, in-8°.

Il existe, en outre, des lettres inédites de Turgot dans les archives de plusieurs familles, en particulier dans celles de la famille Turgot (au château de Lantheuil) et chez les descendants de Dupont de Nemours, actuellement fixés aux États-Unis.

TABLE DES MATIÈRES

CHAPITRE V

CHAPITRE VI

CHAPITRE VII

CHAPITRE VIII

CHAPITRE IX

Coulommiers. — Typ. Paul Brodard.

www.ingramcontent.com/pod-product-compliance
Ingram Content Group UK Ltd.
Pitfield, Milton Keynes, MK11 3LW, UK
UKHW021642170726
13836UKWH00005B/2333